Vencendo a Obscuridade

João Carlos Rocha

Vencendo a Obscuridade

2019

Vencendo a Obscuridade
João Carlos Rocha, 2019

Edited by Alberto Matos
First Edition, 2019

Graphic Concept and Design by PELICELI STUDIO
contact@pelicelistudio.com – Toronto, ON – Canada

Front cover image by Eunice Rickli Rocha

Reviewed by
Magno Nicolau – 1st Review
Paulo Sérgio Vieira de Moura – 2nd Review

ALL RIGHTS RESERVED. This book contains material protected under International and Federal Copyright Laws and Treaties. Any unauthorized reprint or use of this material is prohibited. No part of this book may be reproduced or transmitted in any form or by any means, electronic or mechanical, including photocopying, recording, or by any information storage and retrieval system without express written permission from the author publisher.

The Bible quotes are from "Versão Almeida Revista e Atualizada (ARA)"

Contact with author Phone: + 1 (678) 523 - 3172
E-mail: paranastate@gmail.com

Library of Congress Control Number: 2019914198 LCCN
Imprinter: João Carlos Rocha – Atlanta – GA

Printed in the United States of America

Copyright © 2019 by João Carlos Rocha
Published in the USA
ISBN: 9781670846693

*Dedico este livro
à minha esposa Eunice,
que me levou a conhecer Jesus
e que também é um tremendo
instrumento do Espírito Santo
na obra de santificação da minha vida.
Obrigado, por ter sido um agente
nas mãos do Senhor
para me ajudar
a sair da obscuridade.*

Aos justos nasce luz nas trevas.
Davi, rei e poeta
Sl. 112:4

Sumário

Prefácio, **11**

Apresentação, **13**

Introdução, **15**

CAPÍTULO I
Alguém pensou em mim, **19**

CAPÍTULO II
Um coração segundo Deus ama a palavra e a oração, **25**

CAPÍTULO III
Um coração segundo Deus louva, adora e ama a unidade, **39**

CAPÍTULO IV
Um coração segundo Deus ama a Ele e se alinha aos Seus propósitos, **45**

CAPÍTULO V
Um coração segundo Deus tem o temor a Ele, **51**

CAPÍTULO VI
Poder do Alto, **61**

CAPÍTULO VII
Autoridade perante os homens, **77**

CAPÍTULO VIII
A proteção de Deus sobre nossa vida, **95**

CAPÍTULO IX
A construção do nosso caráter, **109**

Epílogo, **121**

Uma palavra de encorajamento, **125**

Sobre o autor, **127**

Prefácio

Vivemos, hoje, numa sociedade em que todos estão voltados para si mesmos, propensos a seguir seus próprios corações e a usá-los apenas para obter o que querem.

Mas, depois de alguns anos assim, descobrimos que ainda permanece um vazio em nós, e que não temos a realização completa que buscávamos.

Deus nos fez para viver algo muito maior e mais sublime do que aquilo que o mundo nos apresenta. Deus nos fez para vivenciar algo sensacional e poderoso, mas não sem Ele. Deus vem todo tempo revelando o propósito das nossas vidas. Por último o fez plenamente em Cristo Jesus, chamando-nos a levar a cabo a maior aventura das nossas vidas.

Deus escolheu cada um, de forma especial, para então levar a conhecer o coração dEle e se tornar pleno ao viver o que há em Seu coração. Este livro, de uma forma simples e direta, procura nos desafiar a conhecer o que é ser uma pessoa segundo o coração de Deus, e nos incentiva a alinhar-nos ao Seu propósito para nossas vidas.

Neste livro, o João Carlos usa o exemplo de vida do rei Davi e suas experiências para, então, nos impulsionar a sairmos da obscuridade da vida voltada somente a nós mesmos e a entrarmos no que Deus nos oferece. Somente assim será possível perceber como essa mudança afetará nossas vidas e de muitos outros em todos os níveis. É uma leitura simples e fácil que desafiará você a deixar de viver de acordo com o seu próprio coração humano e pecaminoso e passar a viver segundo o coração de Deus.

Pr. Harold Laryea
Comunidade Vida
Guarapuava – PR – Brasil

Apresentação

Ao ler e meditar sobre as grandes verdades espirituais contidas na obra **Vencendo a Obscuridade**, de autoria do pastor Dr. João Carlos Nunes Rocha, relacionei as lições nela contidas com um dos muitos ensinamentos do apóstolo Paulo, em sua segunda epístola aos crentes da novel igreja de Corinto. São Paulo comparou os cristãos daquela igreja a "cartas vivas", ao escrever: "Vocês mesmos são a nossa carta, escrita em nosso coração, conhecida e lida por todos. Vocês demonstram que são uma carta de Cristo, resultado do nosso ministério, escrita não com tinta, mas com o Espírito do Deus vivo, não em tábuas de pedras, mas em tábuas de corações humanos." (2 Cor. 3:2-3).

Este livro, escrito pelo Dr. João Carlos Rocha, é uma "carta viva", na qual o autor expõe, de maneira honesta, objetiva e acessível a todas as pessoas, suas experiências profundas e pessoais com Deus, assim como sua intimidade com a Bíblia Sagrada, a Palavra de Deus, mostrando que cada um de nós pode vencer a obscuridade existencial, saindo do estado de ser ninguém para uma vida de significado, em consonância com os preceitos divinos, e tornar-se alguém "segundo o coração de Deus", como o rei Davi o foi.

Em contraposição aos preceitos da filosofia existencialista proposta pelo filósofo francês Jean-Paul Sartre (1905 – 1980) e outros, para os quais o ser humano é o criador de sua existência, lançando-se diuturnamente na construção de si mesmo, sentindo-se continuamente só e angustiado face à obscuridade e à irracionalidade do mundo, o Pr. e Dr. João Carlos Nunes Rocha, na Introdução de seu livro, apresenta a feliz analogia da obscuridade benéfica e protetora da vida intrauterina, o nascimento e a oportunidade dada por Deus a cada indivíduo para viver uma vida plena vencendo a obscuridade. Ao afirmar que "Do ventre, saímos da obscuridade sem muita participação nossa, mas, na medida em que crescemos e nos tornamos responsáveis, a coisa muda. Precisamos aprender a vencer a obscuridade. Para isso, Deus nos matricula na escola da vida, na qual Ele mesmo é nosso professor. Essa é uma escola extremamente prática, na qual o Espírito Santo é nosso guia. Mas precisamos aprender como nos tornar bons alunos". Não somos os únicos arquitetos de nossa existência, como preconiza a filosofia existencialista. Vencemos a obscuridade quando nos tornamos dependentes e subservientes ao Espírito Santo, que nos instrui a vencer a obscuridade pela ação divina em nossas vidas.

São de grande relevância moral, espiritual e prática todos os temas abordados nos nove capítulos deste excelente livro. Todavia atribuo ao capítulo nono, **Construção no Nosso Caráter**, o cerne da obra.

A natural fluidez e a consistente apresentação dos capítulos do livro jamais penetrariam no âmago da alma do leitor, se fossem destituídos das fundamentações bíblicas que respaldam as ideias e os argumentos do autor. São notórios a intimidade, o conhecimento sólido e a vivência devocional do autor com a Palavra de Deus, os quais permitiram, pela ação profunda do Espírito Santo em sua vida, que este livro se tornasse diferente de muitos outros, transformando-se, verdadeiramente, em uma "carta viva".

Minha oração é que a leitura da obra **Vencendo a Obscuridade** se constitua fonte de inspiração, de alimento e de crescimento espiritual para os leitores, porque, como ensina o apóstolo Paulo, esta "carta viva" foi "escrita não com tinta, mas com o Espírito do Deus vivo, não em tábuas de pedras, mas em tábuas de corações humanos." (2Co. 3:3b).

Rio de Janeiro, 15 de setembro de 2019.

Pr. e Prof. Renato C. Zambrotti

Introdução

Aqui estou eu. Não sei de onde vim nem quem sou, mas estou num lugar confortável, dentro de uma bolsa envolvido pela segurança da água e com as minhas necessidades físicas satisfeitas por meio de um cordão. Não sei explicar este lugar; às vezes me parece um escudo vivo de proteção em volta de mim, suave e confortável, mas, ao mesmo tempo, parece-me impenetrável, forte. Este é meu mundo. Estou aqui e domino meu espaço. Está tudo bem.

Uma coisa que gostaria de descobrir é o que acontece comigo. Constantemente, sinto como se estivesse sendo esticado por um movimento contínuo de milhares de minúsculas partes em todo o meu corpo que parecem se reproduzir em uma velocidade espantosa. Ai! Ai! Será que vou esticar tanto que acabarei enchendo todo meu espaço? Enquanto tudo isso acontece, parece-me que, às vezes, alguém do lado de fora tenta se comunicar comigo. Ou será que é do lado de dentro? Hummm! Não vejo mais ninguém aqui. Na verdade, parecem duas comunicações distintas. Uma vindo de alguém muito semelhante a mim, porém a outra parece vir de um ser muito maior, indefinível, que sinto estar longe, mas, ao mesmo tempo, perto, junto de mim. Estranho, entretanto parece que estão pensando em mim. Não faz sentido, não conheço ninguém e aqui estou, fácil de ser encontrado. Uiii! Sinto ondas de emoções me invadir, como quisessem me dizer que sou querido e esperado. Esperado onde? Aqui é o meu mundo e não vejo outro lugar para ir. Hummm! Será que essa água, na qual nado constantemente, tem algum poder mágico que me faz sentir essas coisas? Talvez até mesmo todo esse lugar seja mágico.

Ah! Esse processo de esticar me cansa; já estiquei tanto que quase não tenho mais espaço para nadar. Epa! Que é isso?! Estou sentindo uma forte inclinação para virar meu corpo, de maneira que minha cabeça fique voltada para certo lugar.

Hum... Ok. Na verdade, conheço bem todas as partes do meu mundo, tenho nadado por ele ja faz algum tempo, e nenhuma parte é perigosa. Vamos lá. Ahhh! Tudo legal. Na verdade, minha cabeça já esteve por aqui algumas vezes. Mas que negócio é esse? Algo me diz que essa posição é definitiva. Pera aí, isso quer dizer que estou perdendo minha liberdade de ir e vir: não poderei mais nadar para outros lugares. Bom, na verdade, já estou quase sem espaço para fazer isso. Ai que saudade dos tempos antigos! É, mas não posso fazer nada. Além do mais, essa atração é irresistível, como um campo de força que me mantém nessa posição.

Socorro! O que é isso?! Que tremores são esses?! Parecem ondas de choque. Estou aterrorizado! Todo meu ambiente se contrai. Ai! Vou morrer! Ufa! Passou. Ainda bem, porque fiquei apavorado; meu ambiente sempre foi um lugar tranquilo e sem ameaças. Epa! Minha água está diminuido, meu ambiente está se desfazendo. Agora, sim, vou morrer. E essas contrações que começam a empurrar meu corpo e são cada vez mais intensas e frequentes! Acabaram-se meus dias. Eu pensei que esse era um lugar seguro, mas agora meu escudo começa a se abrir e me expelir para fora. Ai! Por favor, eu não consigo passar por essa abertura, minha cabeça não cabe! Me expremendo desse jeito, minha cabecinha vai virar um cone. Por favor, me ajudem nessa experiência horrível. Tirem-me logo daqui!

Ah! Finalmente livre! Mas onde estou? Que lugar é esse? Quem são essas pessoas? Uau! É um lugar tão iluminado! Pensando bem, meu lugar era escuro; parece que saí da obscuridade. Ah! Parece que gostam de mim por aqui. Essa que me segura parece ser a mesma que tentava se comunicar comigo; sinto as mesmas ondas de emoções que sentia antes. Hummm! Então é para esse lugar que ela me convidava a vir. Mas precisava ser dessa forma tão aterrorizante? E aquele outro ser que tentava se comunicar comigo? Aquele que parecia tão longe, mas, ao mesmo tempo, estava tão perto? Hum! Não o vejo, mas sinto sua presença comigo. Tudo está bem, essa pessoa grande e poderosa está por aqui e sinto segurança com a presença dela. UhUh! Quanta alegria por aqui. O quê? Já tenho um nome? Chamam-me de Davi. Uh! Bem, gosto do nome, parece que fica bem em mim.

Este livro é sobre como podemos vencer a obscuridade. Vamos analisar a vida de Davi para vermos como Deus o guiou no processo de vencer a obscuridade. A obscuridade existencial é uma aflição que corrói a alma humana, fazendo-a morrer gradualmente até o ponto de total putrefação. Vencer a obscuridade, sair do estado de ser ninguém para uma vida de significado, é como o nascimento de uma criança. Do ventre, saímos da obscuridade sem muita participação nossa, mas, à medida que crescemos e nos tornamos responsáveis, a coisa muda. Precisamos aprender a vencer a obscuridade. Para isso, Deus nos matricula na escola da vida, na qual Ele mesmo é nosso professor. Essa é uma escola extremamente prática, na qual o Espírito Santo é nosso guia. No entanto precisamos aprender a nos tornarmos bons alunos.

O único currículo da escola da vida, na qual todo ser humano está matriculado, é um só: **COMO VENCER A OBSCURIDADE**. É esse currículo que nos leva a viver o destino que Deus tem planejado para nós. O grande problema com essa escola é que, muitas vezes, não temos consciência de que temos um currículo sendo desenvolvido à medida que passamos pela vida. Por essa razão, perdemos muitas aulas e ficamos sem muito conteúdo. Então, falhamos nas provas e ficamos repetindo a mesma matéria por muitos anos. Vamos focar nossos olhos na descrição bíblica dos princípios do currículo demonstrados através da vida de Davi para aprender como Deus o tirou da obscuridade para sentar-se no trono de sua nação.

CAPITULO I
Alguém pensou em mim

Ah! Agora que tenho um pouco mais de entendimento, reconheço que aquele Ser grande e poderoso foi quem me criou. Ele é tão maravilhoso que sinto uma vontade incontrolável de cantar para ele. Senhor, põe na minha boca Tuas Palavras!

> Pois tu formaste o meu interior, tu me teceste no seio de minha mãe. Graças te dou, visto que por modo assombrosamente maravilhoso me formaste; as tuas obras são admiráveis, e a minha alma o sabe muito bem; os meus ossos não te foram encobertos, quando no oculto fui formado e entretecido como nas profundezas da terra. Os teus olhos me viram a substância ainda informe, e no teu livro foram escritos todos os meus dias, cada um deles escrito e determinado, quando nem um deles havia ainda. Que preciosos para mim, ó Deus, são os teus pensamentos! E como é grande a soma deles! Se os contasse, excedem os grãos de areia; contaria, contaria, sem jamais chegar ao fim. (Sl. 139:13-18).

Agora, posso Te entender um pouco melhor. Quero seguir Te entendendo cada dia mais, ajuda-me. Na verdade, Senhor, Tu és o único que "me sondas e me conheces. Sabes quando me assento e quando me levanto; de longe penetras os meus pensamentos. Esquadrinhas o meu andar e o meu deitar, e conheces todos os meus caminhos. (Sl. 139: 1-3). Uh! Cantei! Te agradeço, Senhor, por tanto cuidado e amor por mim.

> Ainda a palavra me não chegou à língua, e tu, SENHOR, já a conheces toda. Tu me cercas por trás e por diante, e sobre mim pões a mão. Tal conhecimento é maravilhoso demais para mim: é sobremodo elevado, não o posso atingir." (Sl. 139: 4-5).

Mas, Senhor, a vida precisa ser tão difícil assim?! Sou o último nascido em minha casa, meus sete irmãos são tão diferentes de mim. Eles são altos e fortes, sisudos, parecem que sempre estão tentando provar que são os melhores. Todos eles estão alistados no exército do rei e parecem que ficam animados com a ideia de participar das batalhas contra nossos inimigos. Na verdade, percebo que me desprezam, me apelidam com termos que usam para zombar de mim. Às vezes, chamam-me de "ruivinho", claramente zombando da cor do meu cabelo; outras vezes se referem à minha aparência física, chamando-me de "bonitinho da mamãe". Sou sempre deixado por último em todas as coisas. Quando há alguma festa em casa, todos se esquecem de mim; tenho que ficar no campo guardando as ovelhas. Até meu pai não tem apreço por mim. E existe algo um tanto supeito pairando no ar: parece que pensam que não sou filho legítimo. Ah! Preciso guardar meu coração porque todas essas coisas me fazem ficar desanimado e sem esperança. Ah! Senhor, refrigera minha alma! "Louvar- te-ei, SENHOR, de todo o meu coração; contarei todas as tuas maravilhas. Alegrar-me-ei e exultarei em ti; ao teu nome, ó Altíssimo, eu cantarei louvores."(Sl. 9:1,2).

Ah! Obrigado, Senhor, por teres pensado em mim e feito toda provisão necessária para que possa ser bem sucedido na vida. Do que preciso agora é viver os teus planos. Entendo que estou matriculado na tua escola para aprender a te entregar meu coração. Sei que, se eu me agradar do Senhor, tu me concederás os desejos do meu coração. Então, Senhor, cria em mim um coração puro, e renova dentro em mim um espírito reto.

TUDO COMEÇA COM O CORAÇÃO

Tudo começa com o coração, um coração segundo Deus. Depois, continua com o treinamento do caráter, para desenvolver o fruto do Espírito Santo, para você poder então entrar no seu destino. É muito importante entender o seguinte: segundo a Bíblia, você é responsável pelo seu coração. "Sobre tudo o que se deve guardar, guarda o teu coração porque dele procedem as saídas da vida." (Pv. 4:23). Quem é que deve fazer isso? Você.

A Bíblia diz – Parábola do semeador (Mt. 13) – que há quatro tipos de coração: o endurecido, chamado beira do caminho, o pedregoso, o cheio de espinhos e o coração produtivo, aquele que é bom. O que isso significa para nós é o seguinte: por definição, nós todos nascemos com o nosso coração tremendamente arruinado, com as carcterísitcas dos três primeiros corações. Isso acontece por causa do pecado de Adão, por causa da natureza pecaminosa com a qual nascemos.

Mas acontece a grande oportunidade de Deus para nossas vidas, que é a mudança de coração: "Dar-vos-ei coração novo e porei dentro de vós espírito novo; tirarei de vós o coração de pedra e vos darei coração de carne" (Ez. 36:26). Deus nos dá um coração novo – nesse sentido, coração significando nossa alma –, e quer continuar trabalhando nele. Agora, então, somos responsáveis por ele; nós não podemos ter um coração dividido, como, muitas vezes, acontece. Se isso ocorrer, não poderemos progredir no conhecimento de Deus e entrar na posse daquilo que Ele tem para nossas vidas. Paulo (At. 13:22) nos diz que fazer a vontade de Deus está associado ao tipo de coração que possuímos. É isso que vai decidir se faremos nossa própria vontade ou a de Deus. Quando recebemos Jesus, quando nascemos de novo, Deus nos dá um novo coração através do processo conhecido como santificação. É assim que ganhamos um coração novo, através de um processo que dura nossa vida inteira.

Vemos, então, que a Bíblia usa o vocábulo *coração* com dois sentidos diferentes: significando nossa alma, e, às vezes, nosso espírito. Vemos coração significando alma em Ezequiel (36:26), na primeira parte do versículo. Vemos aí também que Deus nos dá um espírito novo, espírito humano, com letra minúscula, e depois coloca dentro do nosso o Seu Espírito, com letra maiúscula, significando o Espírito Santo (Ez. 36:26,27). Esse espírito novo nos é dado pela "regeneração ou novo nascimento", e o ganhamos por um "ato" de Deus, e não através de um processo. Ao nascer de novo, tornamo-nos pessoas espirituais, como Jesus ensina em João (3:6,7). Isso acontece, segundo Ezequiel, pela aspersão da água pura sobre nós, água significando a Palavra de Deus, tanto em Ezequiel como em João. Temos que nascer de novo porque a Bíblia diz que estávamos mortos, espiritualmente, mas Deus nos deu vida em Cristo Jesus, processo descrito em Efésios (2:1-9):

> Ele vos deu vida, estando vós mortos nos vossos delitos e pecados, nos quais andastes outrora, segundo o curso deste mundo, segundo o príncipe da potestade do ar, do espírito que agora atua nos filhos da desobediência; entre os quais também todos nós andamos outrora, segundo as inclinações da nossa carne, fazendo a vontade da carne e dos pensamentos; e éramos, por natureza, filhos da ira, como também os demais. Mas Deus, sendo rico em misericórdia, por causa do grande amor com que nos amou, e estando nós mortos em nossos delitos, nos deu vida juntamente com Cristo, pela graça sois salvos, e, juntamente com ele, nos ressuscitou, e nos fez assentar nos lugares celestiais em Cristo Jesus; para mostrar, nos séculos vindouros, a suprema riqueza da sua graça, em bondade para conosco, em Cristo Jesus. Porque pela graça sois salvos, mediante a fé; e isto não vem de vós; é dom de Deus; não de obras, para que ninguém se glorie.

Depois que nascemos de novo, precisamos passar pelo processo chamado *santificação*, no qual a alma será domesticada, treinada, ensinada, subjulgada, submetida ao controle do Espírito Santo. Isso porque, antes de nascermos de novo, nossa alma era governada pela natureza pecaminosa que herdamos de Adão e Eva, a qual nos treinou para tudo o que é contrário a Deus. Nossa alma estava assentada no trono da nossa vida, nós estávamos espiritualmente mortos, e quem controlava a nossa alma era o pecado. Esse é um processo penoso, no qual nossa decisão é indispensável para seguir Jesus.

> Então, disse Jesus a seus discípulos: Se alguém quer vir após mim, a si mesmo se negue, tome a sua cruz e siga-me. Porquanto, quem quiser salvar a sua vida perdê-la-á; e quem perder a vida por minha causa achá-la-á. Pois que aproveitará o homem se ganhar o mundo inteiro e perder a sua alma? Ou que dará o homem em troca da sua alma? (Mt. 16:24-26).

Notemos que isso foi dito aos discípulos, que já eram nascidos de novo. Nossa alma tende a assumir o controle, como está escrito no texto anterior à citação acima. Esse texto mostra Pedro se movendo pela revelação do Espírito Santo, quando respondeu à pergunta de Jesus dizendo que Ele era o Cristo, o Filho do Deus vivo. Porém, quando Jesus começou a explicar o significado da resposta que Pedro deu, que ele deveria ir para Jerusalém, sofrer muitas coisas e morrer, Pedro deixou de se mover no Espírito e passou a mover-se pela alma. Isso porque ele tinha um plano que era sentar-se no trono ao lado de Jesus quando Ele se tornasse Rei. Para isso, teria que expulsar o exército romano que governava sobre a nação de Israel. Mas, se Jesus morresse, isso terminaria o projeto de Pedro. Por isso ele passou a agir pela alma.

> Indo Jesus para os lados de Cesaréia de Filipe, perguntou a seus discípulos: Quem diz o povo ser o Filho do Homem? E eles responderam: Uns dizem: João Batista; outros: Elias; e outros: Jeremias ou algum dos profetas. Mas vós, continuou ele, quem dizeis que eu sou? Respondendo Simão Pedro, disse: Tu és o Cristo, o Filho do Deus vivo. Então, Jesus lhe afirmou: Bem-aventurado és, Simão Barjonas, porque não foi carne e sangue que to revelaram, mas meu Pai, que está nos céus. Também eu te digo que tu és Pedro, e sobre esta pedra edificarei a minha igreja, e as portas do inferno não prevalecerão contra ela. Dar-te-ei as chaves do reino dos céus; o que ligares na terra terá sido ligado nos céus; e o que desligares na terra terá sido desligado nos céus. Então, advertiu os discípulos de que a ninguém dissessem ser ele o Cristo. Desde esse tempo, começou Jesus Cristo a mostrar a seus discípulos que lhe era necessário seguir para Jerusalém e

sofrer muitas coisas dos anciãos, dos principais sacerdotes e dos escribas, ser morto e ressuscitado no terceiro dia. E Pedro, chamando-o à parte, começou a reprová-lo, dizendo: Tem compaixão de ti, Senhor; isso de modo algum te acontecerá. Mas Jesus, voltando-se, disse a Pedro: Arreda, Satanás! Tu és para mim pedra de tropeço, porque não cogitas das coisas de Deus, e sim das dos homens. (Mt. 16:13-23).

A palavra grega que significa alma é *psique*, o conjunto das capacidades humanas de um indivíduo que abrange os processos conscientes e inconscientes. Já o vocábulo *ego* (ἐγω) é o nosso eu, nossa mente consciente, parte de nossa identidade, que também abrange nossa alma. Nosso eu foi criado por Deus, portanto, não há problemas com ele. O problema está no fato de o pecado, que se alojou em nosso eu, ter gerado o egoísmo, que é o nosso eu ocupando o centro. Quando nosso eu está sem Deus, sem o controle do Espírito Santo, ele fica no trono; é ele quem controla nossa vida. Há uma coisa muito importante na qual temos que prestar atenção. Às vezes, usamos um modo errado para dizer as coisas. Eu confesso que já fiz isso. Outras vezes, dizemos: – Eu tenho que matar o eu. Se matarmos o eu, cometemos suicídio psicológico, porque o nosso eu é o que Deus criou; o nosso eu precisa passar pelo processo de santificação, ficando sob o domínio do Espírito Santo. O que temos que destruir é o *ismo* do eu. Nossa pessoalidade foi criada por Deus. Portanto, ela é boa.

Então, como é que Deus pede agora a esse homem, que foi regenerado – como na passagem de Mateus 16 –, que tome a sua cruz? É porque Deus quer trabalhar em nossos corações. Ele quer nos fazer alguém "segundo Seu coração", para que cheguemos ao propósito final que tem para nossa vida. E quais seriam algumas das características de uma pessoa segundo o coração de Deus?

CAPÍTULO II
Um coração segundo Deus ama a palavra, e a oração

A Bíblia diz que a boca fala aquilo de que o coração está cheio. É só andar um pouco com alguém, e logo veremos isso. Lendo os Salmos de Davi, percebemos que tipo de coração ele tinha. Não importa o assunto, ele colocava tudo sob o controle de Deus. É por isso que Deus se refere a ele como "um homem segundo Seu coração". A Palavra de Deus era para ele como o ar que respiramos. Se, como filhos e filhas de Deus, não amamos Sua Palavra, jamais encheremos nosso coração com ela. É a leitura, a meditação na Palavra, que cria em nós um coração diferente. A Palavra é a resposta de Deus às nossas necessidades. O Salmo 119 fala extensivamente das qualidades da Palavra. Diz que Ela nos torna bem-aventurados (v.2), distancia-nos da vergonha (v.6), guarda puro nosso caminho (v.9), livra-nos de pecar contra Deus (v.11), tira de sobre nós o opróbio e o desprezo (v.22), torna-se nosso conselheiro (v.24), vivifica-nos (v.25), fortalece-nos (v.28). O elenco de atributos se estende até o versículo 176. Esse salmo deveria ser nosso companheiro durante todas as horas.

A leitura e a meditação colocam, de maneira permanente, a Palavra de Deus em nossos corações. Por isso, somos aconselhados a ler e meditar nela dia e noite. Se não fizermos isso, jamais teremos um coração segundo Deus. Essa é a primeira característica: a Palavra impregnando nosso coração, um profundo amor e apego a Ela. Se fizermos uma análise de nossa vida em relação ao nosso amor pela Palavra, o que encontraríamos? Quanto tempo temos gasto com Ela?

Se esse é um princípio para ter um coração segundo Deus, nosso relacionamento com a Palavra é um teste objetivo que mostra para onde estamos caminhando na vida cristã. Não basta sermos leitores ocasionais, dominicais da Palavra, ela precisa ser o nosso alimento, e a água para saciar nossa sede. Talvez seja necessário orar, para que Deus nos dê sede e fome da Palavra, uma vez que ela é a lâmpada para nossos pés e luz para nossos caminhos.

Enquanto a Palavra de Deus é o roteiro que devemos seguir, a oração é a nossa linha direta de comunicação entre nós e o céu. É o processo de comunicação por meio do qual falamos com Deus, e Ele fala conosco. Assim como a leitura da Palavra, a oração é um instrumento que leva nosso coração à intimidade com Deus. Basicamente, podemos fazer vários e diferentes tipos de oração.

Oração de adoração. É um tipo de oração contemplativa. Por meio dela, oramos adorando a Deus pelo que Ele é. Algumas razões pelas quais adoramos a Deus são: Ele é eterno, imortal e invisível, só Ele é Deus; Ele é independente de toda criação e tem vida em si mesmo; Ele é onipresente (está em toda parte ao mesmo tempo); Ele é onisciente (sabe de tudo sobre tudo); Ele é onipotente (todo-poderoso); Ele é omnisapiente (tem toda a sabedoria); Ele é soberano; Ele é amor; Ele é bom; Ele é justo; Ele é gracioso; Ele é rico em misericórdia; Ele é imanente (está próximo e ativo); Ele é imutável; Ele é verdadeiro, etc. O Livro de Salmos é rico em orações de adoração. Seguem aqui uns poucos exemplos: "Atribuí ao SENHOR a glória devida ao seu nome; adora ao SENHOR em ordem santa." (Sl. 29:2); "Venha, vamos adorar e curvar-se, vamos nos ajoelhar diante do Senhor nosso Criador." (Sl. 95:6); "Exaltai ao SENHOR, nosso Deus, e adorai ao seu escabelo de seus pés; Santo é Ele." (Sl. 99:5).

Oração de contrição. Por intermédio dela, nos humilhamos perante Ele e pedimos seu perdão. A Bíblia nos ensina a relevância da contrição. Porque a tristeza, segundo Deus, produz arrependimento para a salvação, que a ninguém traz pesar; mas a tristeza do mundo produz morte (2Cr. 7:10). "O publicano, estando em pé, longe, não ousava nem ainda levantar os olhos ao céu, mas batia no peito, dizendo: Ó Deus, sê propício a mim, pecador!" (Lc. 18:13).

A seguir, alguns versículos bíblicos, nos quais encontramos algumas promessas para quem se encontra num estado de contrição perante Deus:

> Pois assim diz o Altíssimo e exaltado Alguém que vive para sempre, cujo nome é Santo: Eu habito em um lugar alto e santo, e também com o contrito e humilde de espírito a fim de reviver o espírito dos humildes E reviver o coração do contrito. (Is. 57:15).
>
> Porque a minha mão fez todas estas coisas, assim todas estas coisas foram feitas, declara o SENHOR. Mas a este olharei: para o humilde e contrito de espírito, e que treme da minha palavra. (Is. 66:2).
>
> Os sacrifícios para Deus são um espírito quebrado; um coração quebrantado e contrito, ó Deus, não desprezarás. (Sl. 51:17).
>
> O SENHOR está perto dos quebrantados de coração e salva os que são esmagados em espírito. (Sl. 34:18).
>
> E rasgue o seu coração e não as suas vestes, volte para o Senhor seu Deus, pois Ele é misericordioso e compassivo, vagaroso em irar-se, abundando em benignidade e que se arrepende do mal. (Jl. 2:13).

Eis aqui algumas condições que fazem nossa contrição ser bem sucedida:

> Então, clamarás, e o SENHOR te responderá; gritarás por socorro, e ele dirá: Eis-me aqui. Se tirares do meio de ti o jugo, o dedo que ameaça, o falar injurioso; se abrires a tua alma ao faminto e fartares a alma aflita, então, a tua luz nascerá nas trevas, e a tua escuridão será como o meio-dia. (Is. 58:9-10).
>
> Se o meu povo, que se chama pelo meu nome, se humilhar, e orar, e me buscar, e se converter dos seus maus caminhos,

então, eu ouvirei dos céus, perdoarei os seus pecados e sararei a sua terra. (2Cr. 7:14).

A oração de contrição, infelizmente, na maioria das vezes, é estimulada quando estamos em aperto por alguma situação, ou debaixo do julgamento de Deus. Exemplos:

> Disseram-me: Os restantes, que não foram levados para o exílio e se acham lá na província, estão em grande miséria e desprezo; os muros de Jerusalém estão derribados, e as suas portas, queimadas. Tendo eu ouvido estas palavras, assentei-me, e chorei, e lamentei por alguns dias; e estive jejuando e orando perante o Deus dos céus. (Ne. 1:3-4).

> Em todas as províncias aonde chegava a palavra do rei e a sua lei, havia entre os judeus grande luto, com jejum, e choro, e lamentação; e muitos se deitavam em pano de saco e em cinza. (Et. 4:3).

> Fareis também um reservatório entre os dois muros para as águas do açude velho, mas não cogitais de olhar para cima, para aquele que suscitou essas calamidades, nem considerais naquele que há muito as formou. O Senhor, o SENHOR dos Exércitos, vos convida naquele dia para chorar, prantear, rapar a cabeça e cingir o cilício. (Is. 22:11-12).

Oração de petição ou súplica. Petição ou súplica é um pedido pelo favor de Deus. No meu entendimento, a oração de petição ou súplica é a mais comum que fazemos. Há centenas de versículos bíblicos nos ensinando e exortando a pedir a Deus. "Não andeis ansiosos de coisa alguma; em tudo, porém, sejam conhecidas, diante de Deus, as vossas petições, pela oração e pela súplica, com ações de graças." (Fp. 4:6); "E, se sabemos que ele nos ouve quanto ao que lhe pedimos, estamos certos de que obtemos os pedidos que lhe temos feito." (1Jo. 5:15); "E tudo quanto pedirdes em meu nome, isso farei, a fim de que o Pai seja glorificado no Filho." (Jo. 14:13). Nossa oração de petição e súplica é a maneira pela qual tomamos posse da provisão de Deus para nós. Por isso, Jesus fez dela um mandamento: "Pedi, e dar-se-vos-á; buscai e achareis; batei, e abrir-se-vos-á. Pois todo o que pede recebe; o que busca encontra; e, a quem bate, abrir-se-lhe-á." (Mt. 7:7-8).

Oração de agradecimento. É uma demonstração de gratidão a Deus. Gratidão é a maneira pela qual nos posicionamos sob o cuidado soberano do nosso Deus. Sempre que damos graças, estamos declarando que cremos que o que aconteceu é o melhor de Deus para nós, ainda que não entendamos. É por isso que a ação de graças é a vontade de Deus para conosco. Veja o versículo a seguir: "Em tudo, dai graças, porque esta é a vontade de Deus em Cristo Jesus para convosco" (1Ts.5:18). Dar graças em tudo não significa deixar de procurar entender o que está acontecendo; pelo contrário, devemos buscar o entendimento. Por exemplo, pode acontecer algo para nossa disciplina, como está escrito que Deus faz com quem ama:

> "Ora, na vossa luta contra o pecado, ainda não tendes resistido até ao sangue e estais esquecidos da exortação que, como a filhos, discorre convosco: Filho meu, não menosprezes a correção que vem do Senhor, nem desmaies quando por ele és reprovado; porque o Senhor corrige a quem ama e açoita a todo filho a quem recebe." (Hb. 12:4-6).

Também é possível que devamos agradecer por estar acontecendo o que Paulo escreve (2Co. 1:7b): "sabendo que, como sois participantes dos sofrimentos, assim o sereis da consolação" – um sofrimento por amor a Jesus. Ou, ainda, pela razão que Paulo fala a Timóteo: "pelo contrário, participa comigo dos sofrimentos, a favor do evangelho". Ainda podemos estar sofrendo pela mesma razão que Jesus sofreu: para aperfeiçoamento. "Porque convinha que aquele, por cuja causa e por quem todas as coisas existem, conduzindo muitos filhos à glória, aperfeiçoasse, por meio de sofrimentos, o Autor da salvação deles." (Hb. 2:10). Podemos concluir que orar dando graças em tudo faz sentido.

Oração de comunhão. Esse é o tipo de oração que, segundo Paulo, devemos orar sem cessar (1Ts. 5:17), porque não podemos perder nossa comunhão nem um só momento com Deus. "O que temos visto e ouvido anunciamos também a vós outros, para que vós, igualmente, mantenhais comunhão conosco. Ora, a nossa comunhão é com o Pai e com seu Filho, Jesus Cristo." (1Jo. 1:3). É desse tipo de oração que vem a intimidade com Deus, como no caso de Moisés: "Falava o SENHOR a Moisés face a face, como qualquer fala a seu amigo; então, voltava Moisés para o arraial." (Ex. 33:11).

Intimidade é o que chamamos de experiência de realmente conhecer e ser conhecido por outra pessoa. Frequentemente, usamos linguagem especial quando descrevemos essa experiência. Um amigo íntimo é alguém com quem nos sentimos muito próximos; ele nos conhece em um nível mais profundo. Se algo acontece que prejudica a intimidade com o nosso amigo, sentimo-nos distantes dele. Por sua vez, uma pessoa que não nos conhece intimamente, não sabe quem somos, nem pode admirar nosso caráter ou nos ajudar em nossas fraquezas. É durante o tempo de intimidade que recebemos revelação: "porque o SENHOR abomina o perverso, mas aos retos trata com intimidade." (Pv. 3:26); "A intimidade do SENHOR é para os que o temem, aos quais ele dará a conhecer a sua aliança." (Sl. 25:14). Isso tudo vem quando praticamos a oração de comunhão.

Oração de intercessão. Dá-se em favor dos outros. É demonstrada na Bíblia como sendo algo que Deus busca. "Busquei entre eles um homem que tapasse o muro e se colocasse na brecha perante mim, a favor desta terra, para que eu não a destruísse; mas a ninguém achei." (Ez. 22:30). O processo de intercessão é uma das maneiras pelas quais nos tornamos cooperadores de Deus: "Porque de Deus somos cooperadores; lavoura de Deus, edifício de Deus sois vós." (1Co.

2:9). Veja o que acontece, quando oramos intercessoriamente de maneira coletiva:

> Pedro, pois, estava guardado no cárcere; mas havia oração incessante a Deus por parte da igreja a favor dele. Quando Herodes estava para apresentá-lo, naquela mesma noite, Pedro dormia entre dois soldados, acorrentado com duas cadeias, e sentinelas à porta guardavam o cárcere. Eis, porém, que sobreveio um anjo do Senhor, e uma luz iluminou a prisão; e, tocando ele o lado de Pedro, o despertou, dizendo: Levanta-te depressa! Então, as cadeias caíram-lhe das mãos. Disse-lhe o anjo: Cinge-te e calça as sandálias. E ele assim o fez. Disse-lhe mais: Põe a capa e segue-me. Então, saindo, o seguia, não sabendo que era real o que se fazia por meio do anjo; parecia-lhe, antes, uma visão. Depois de terem passado a primeira e a segunda sentinela, chegaram ao portão de ferro que dava para a cidade, o qual se lhes abriu automaticamente; e, saindo, enveredaram por uma rua, e logo adiante o anjo se apartou dele. Então, Pedro, caindo em si, disse: Agora, sei, verdadeiramente, que o Senhor enviou o seu anjo e me livrou da mão de Herodes e de toda a expectativa do povo judaico. (At. 12:5-11).

Na oração intercessória, entramos em acordo com a vontade de Deus, para que as coisas sejam feitas aqui na terra. Veja o que podemos aprender sobre oração intercessória no ensino de Jesus: "venha o teu reino; faça-se a tua vontade, assim na terra como no céu." (Mt. 6:10). Lembro-me dos tempos de novo convertido, quando lia esse texto, e a pergunta ficava em meu coração: por que Jesus mandou pedir a Deus que venha o reino dEle e Sua vontade seja feita no céu e na terra? Sendo Deus soberano, todo poderoso, isso me parecia um tanto desnecessário. Até que aprendi a razão disto:

> "Os céus são os céus do SENHOR, mas a terra, deu-a ele aos filhos dos homens." Sl. 115:15.

> Também disse Deus: Façamos o homem à nossa imagem, conforme a nossa semelhança; tenha ele domínio sobre os peixes do mar, sobre as aves dos céus, sobre os animais domésticos, sobre toda a terra e sobre todos os répteis que rastejam pela terra. Criou Deus, pois, o homem à sua imagem, à imagem de Deus o criou; homem e mulher os criou. E Deus os abençoou e lhes disse: Sede fecundos, multiplicai-vos, enchei a terra e sujeitai-a; dominai sobre os peixes do mar, sobre as aves dos céus e sobre todo animal que rasteja pela terra. (Gn. 1:26 a 28).

Essa é a razão. Deus colocou tudo na terra debaixo da autoridade do homem, e respeita sua decisão. Até o Diabo sabe disso. Quando foi tentar a Jesus, "Disse-lhe o diabo: Dar- te-ei toda esta autoridade e a glória destes reinos, porque ela me foi entregue, e a dou a quem eu quiser." (Lc. 4:6). Como isso aconteceu? Quando Adão e Eva fizeram a opção de obedecer à serpente em vez de obedecer a Deus, eles entregaram a autoridade que era deles nas mãos de quem obedeceram. Mas a boa notícia é essa: Jesus já resgatou essa autoridade através de Sua morte e ressurreição, porém nós, que nos entregamos a Ele agora, temos a missão de submeter tudo aos pés dEle.

> O qual exerceu ele em Cristo, ressuscitando-o dentre os mortos e fazendo-o sentar à sua direita nos lugares celestiais, acima de todo principado, e potestade, e poder, e domínio, e de todo nome que se possa referir não só no presente século, mas também no vindouro. E pôs todas as coisas debaixo dos pés e, para ser cabeça sobre todas as coisas, o deu à igreja, a qual é o seu corpo, a plenitude daquele que a tudo enche em todas as coisas. (Ef. 1:20-23).

Veja que o texto ensina que Deus pôs tudo debaixo dos pés de Cristo, e que Seu corpo é a Igreja, que então são os seus pés. Jesus é o modelo de intercessor, Ele intercedeu enquanto estava entre nós e ainda continua intercedendo agora que está sentado junto ao Pai.

"É por eles que eu rogo; não rogo pelo mundo, mas por aqueles que me deste, porque são teus; ora, todas as minhas coisas são tuas, e as tuas coisas são minhas; e, neles, eu sou glorificado." (Jo. 17:9-10); "Filhinhos meus, estas coisas vos escrevo para que não pequeis. Se, todavia, alguém pecar, temos Advogado junto ao Pai, Jesus Cristo, o Justo." (1Jo. 2:1).

Oração de guerra espiritual. Existem dois tipos de batalha espiritual. Na primeira, temos que lidar conosco, em três áreas diferentes: a da nossa mente, pois é um campo de batalha; a do arrependimento e a do pedão. O segundo tipo de batalha é contra Satanás e os demônios, em cuja batalha temos que amarrar e soltar.

A batalha da mente objetiva transformá-la, visto que nascemos de novo no espírito, porém a mente ainda é velha. O processo dessa batalha é chamado de Santificação.

"Rogo-vos, pois, irmãos, pelas misericórdias de Deus, que apresenteis o vosso corpo por sacrifício vivo, santo e agradável a Deus, que é o vosso culto racional. E não vos conformeis com este século, mas transformai-vos pela renovação da vossa mente, para que experimenteis qual seja a boa, agradável e perfeita vontade de Deus." (Rm. 12:1,2).

O problema é, que muitas vezes na guerra da mente, lutamos pela carne, e não pelo espírito. Por isso nos sentimos perdedores e desanimados. A Bíblia nos ensina como devemos guerrear: "Porque, embora andando na carne, não militamos segundo a carne. Porque as armas da nossa milícia não são carnais, e sim poderosas em Deus, para destruir fortalezas, anulando nós sofismas."(2Co. 10:3-4).

A batalha do arrependimento é algo tão importante que, literalmente, nos traz de volta ao Pai, quando nos distanciamos dele. Veja o que Jesus contou a respeito na parábola do filho pródigo.

Levantar-me-ei, e irei ter com o meu pai, e lhe direi: Pai, pequei contra o céu e diante de ti; já não sou digno de ser chamado teu filho; trata-me como um dos teus trabalhadores. E, levantando-se, foi para seu pai. Vinha ele ainda longe, quando seu pai o avistou, e, compadecido dele, correndo, o abraçou, e beijou. E o filho lhe disse: Pai, pequei contra o céu e diante de ti; já não sou digno de ser chamado teu filho. O pai, porém, disse aos seus servos: Trazei depressa a melhor roupa, vesti-o, ponde-lhe um anel no dedo e sandálias nos pés; trazei também e matai o novilho cevado. Comamos e regozijemo-nos, porque este meu filho estava morto e reviveu, estava perdido e foi achado. E começaram a regozijar-se. (Lc. 15:18-24).

Nesse texto, que trata do retorno do filho à casa paterna (por isso, a denominação filho pródigo), vemos o que realmente significa arrependimento. O filho saíra de casa porque, na sua mente, havia alguns problemas: 1) em sua casa, era tudo uma mesmice, as festas não eram interessantes; 2) os padrões do lar não lhe permitiam viver a vida; 3) ele não se sentia verdadeiramente livre na casa do pai; 4) queria conhecer um outro estilo de vida, diferente da casa do pai. Então ele pegou sua herança e foi para bem longe, para ninguém tentar lhe dizer o que tinha que fazer. Ele, então, satisfez seu coração, vivendo como tinha desejado. Entretanto logo descobriu que seu novo estilo de vida não era tão bom assim como pensava. A nova mentalidade levou-o a empobrecer, a ponto de ter que cuidar de porcos. Como tinha fome, queria comer a comida desses animais, porém não lhe permitiam. Terrível: descobriu que a sua nova mentalidade fizera com que ele valesse menos do que um porco.

É nesse ponto que começa a meditar e faz uma descoberta interessante: a mentalidade vivida na casa do pai, a qual deixara para trás, era muito melhor do que a nova que abraçara. Agora estava num impasse: já não tinha mais a casa do pai, e estava quebrado; não tinha dinheiro nem para comida. Mas poderia ocorrer que fosse ainda aceito como empregado. É quando entra o arrependimento, e a mudança de mentalidade. Infelizmente, isso, às vezes, só acontece quando chegamos ao fundo do poço, como aconteceu com esse jovem. O vocábulo grego utilizado para arrependimento é *metanoia*, que significa literalmente mudança de mente. Essa mudança é poderosa, é capaz de produzir fé; isto é, o filho só voltou para casa porque creu que seria aceito como um empregado. Uma vez arrependido e crendo, ele se converteu, significando dizer que ele fez meia volta e andou em direção oposta.

Já a batalha do perdão tem uma base diferente quando comparada a do arrependimento. Na parábola, o pai perdoou o filho e restituiu sua posição de herdeiro demonstrando sua misericórdia e graça. Aí está o princípio do perdão: **fomos perdoados primeiro**. Na verdade, toda a humanidade saiu da casa do pai em Adão; aqueles que já nasceram de novo se tornaram filhos pródigos. Agora que somos filhos, devemos viver a mentalidade da casa do Pai, a mentalidade do reino de Deus. E a questão do perdão é importantíssima. Comprove:

> Por isso, o reino dos céus é semelhante a um rei que resolveu ajustar contas com os seus servos. E, passando a fazê-lo, trouxeram-lhe um que lhe devia dez mil talentos. Não tendo ele, porém, com que pagar, ordenou o senhor que fosse vendido ele, a mulher, os filhos e tudo quanto possuía e que a dívida fosse paga. Então, o servo, prostrando-se reverente, rogou: Sê paciente comigo, e tudo te pagarei. E o senhor daquele servo, compadecendo-se, mandou-o embora e perdoou-lhe a dívida. Saindo, porém, aquele servo, encontrou um dos seus conservos que lhe devia cem denários; e, agarrando-o, o sufocava, dizendo: Paga-me o que me deves. Então, o seu conservo, caindo-lhe aos pés, lhe implorava: Sê paciente comigo, e te pagarei. Ele, entretanto, não quis; antes, indo-se, o lançou na prisão, até que saldasse a dívida. Vendo os seus companheiros o que se havia passado, entristeceram-se muito e foram relatar ao seu senhor tudo que acontecera. Então, o seu senhor, chamando-o, lhe disse: Servo malvado, perdoei-te aquela dívida toda porque me suplicaste; não

devias tu, igualmente, compadecer-te do teu conservo, como também eu me compadeci de ti? E, indignando-se, o seu senhor o entregou aos verdugos, até que lhe pagasse toda a dívida. Assim também meu Pai celeste vos fará, se do íntimo não perdoardes cada um a seu irmão. (Mt. 18:23-35).

A batalha espiritual contra o diabo e seus anjos é real, e não adianta negarmos; estamos em guerra. Isso é tão importante, que temos na Bíblia descrição detalhada do inimigo e orientação sobre como devemos nos preparar para enfrentá-lo.

Quanto ao mais, sede fortalecidos no Senhor e na força do seu poder. Revesti-vos de toda a armadura de Deus, para poderdes ficar firmes contra as ciladas do diabo; porque a nossa luta não é contra o sangue e a carne, e sim contra os principados e potestades, contra os dominadores deste mundo tenebroso, contra as forças espirituais do mal, nas regiões celestes. Portanto, tomai toda a armadura de Deus, para que possais resistir no dia mau e, depois de terdes vencido tudo, permanecer inabaláveis. Estai, pois, firmes, cingindo-vos com a verdade e vestindo-vos da couraça da justiça. Calçai os pés com a preparação do evangelho da paz; embraçando sempre o escudo da fé, com o qual podereis apagar todos os dardos inflamados do Maligno. Tomai também o capacete da salvação e a espada do Espírito, que é a palavra de Deus. (Ef. 6:10-17).

Amarrar e soltar é ensino de Jesus. "Se, porém, eu expulso demônios pelo Espírito de Deus, certamente é chegado o reino de Deus sobre vós. Ou como pode alguém entrar na casa do valente e roubar-lhe os bens sem primeiro amarrá-lo? E, então, lhe saqueará a casa."(Mt. 12:28,29). Nesse texto, Jesus estava falando acerca de sua autoridade sobre o mundo espiritual demoníaco. Essa autoridade nos foi delegada depois da ressurreição. Quando Ele disse, em Mateus (28:18), que toda autoridade lhe tinha sido dada no céu e na terra, e acrescentou "ide", queria dizer que seguíssemos com Sua autoridade. Na verdade, a grande comissão estabelecida nesse versículo é para terminarmos a obra que Ele começou, isto é, não existem duas missões diferentes, uma de Jesus e outra nossa. Nossa missão é completar a missão de Jesus. É por isso que as portas do inferno não prevalecerão contra a Igreja (Mt. 16:18). Por isso, por meio de nossas orações de guerra espiritual, amarramos os demônios e soltamos as pessoas das garras deles.

Oração de concordância, oração congregacional.

> Em verdade vos digo que tudo o que ligardes na terra será ligado no céu, e tudo o que desligardes na terra será desligado no céu. Também vos digo que, se dois de vós concordarem na terra acerca de qualquer coisa que pedirem, isso lhes será feito por meu Pai, que está nos céus. Porque, onde estiverem dois ou três reunidos em meu nome, aí estou eu no meio deles. (Mt. 18: 18-20).

Essa é uma descrição clara sobre o poder da oração congregacional, ou de no mínimo dois, quando entram em acordo.

Uma vida de oração leva a uma vida de intimidade com Deus. É fácil saber como está nosso coração, se temos um coração segundo Deus ou não. Basta olharmos para nossa vida de oração, perguntar a nós mesmo quanto tempo passamos em oração durante a semana. Isso talvez vá nos deixar surpreso, porque, na verdade, não prestamos atenção em nossa vida devocional. Se a oração é uma das expressões de um coração segundo Deus, é bom perguntarmos: a quem realmente pertence nosso coração, a Deus ou a nós mesmos? Somos os únicos que podemos tomar a decisão sobre a importância da oração para nossa vida. E se não decidirmos? Nunca teremos um coração segundo Deus! Você acha que vai ter uma vida de oração sem decidir tê-la? Impossível!

CAPÍTULO III
Um coração segundo Deus louva, adora e ama a unidade

Uma coisa muito importante é entendermos a diferença entre louvor e adoração. Nós adoramos a Deus pelo que Ele é. Já o louvor tem a ver com o reconhecimento do que Ele faz.

A adoração não é simplesmente um evento em um lugar; é uma orientação, um estilo de vida. Assim Jesus ensinou, à mulher samaritana, sobre adoração:

> Disse-lhe a mulher: Senhor, vejo que és profeta. Nossos pais adoraram neste monte, e vós dizeis que é em Jerusalém o lugar onde se deve adorar. Disse-lhe Jesus: Mulher, crê-me que a hora vem, em que nem neste monte nem em Jerusalém adorareis o Pai. Vós adorais o que não sabeis; nós adoramos o que sabemos porque a salvação vem dos judeus. Mas a hora vem, e agora é, em que os verdadeiros adoradores adorarão o Pai em espírito e em verdade; porque o Pai procura a tais que assim o adorem. Deus é Espírito, e importa que os que o adoram o adorem em espírito e em verdade. (Jo. 4:19-24).

Por isso, nem a adoração individual nem a coletiva podem ser um trabalho isolado da mente racional. Adoração é um trabalho de nosso espírito. O Espírito Santo guia nosso espírito, que, por sua vez, deve guiar nossa mente na presença do Deus Todo-Poderoso, produzindo um sentimento de admiração que surge naturalmente e nos deixa extasiados. A adoração é extremamente contemplativa. Sem essa capacidade de comtemplação, não conseguimos sair de nós mesmos e olhar para Deus. Sem sair de nós mesmos, nunca entraremos em sua presença.

Por causa do pecado, hoje o ser humano redimido vive numa tensão entre fazer da adoração uma experiência ou um evento. Os relatos da Bíblia contam a experiência dos homens que entraram na mais íntima presença de Deus; e tudo o que fizeram foi ficar como mortos, caídos aos seus pés. "E eu, quando vi, caí a seus pés como morto; e ele pôs sobre mim a sua destra, dizendo-me: Não temas; Eu sou o primeiro e o último." (Ap. 1:17). Essa foi a experiência do Apóstolo João. Daniel teve semelhante experiência:

> E ouvi uma voz de homem entre as margens do Ulai, a qual gritou, e disse: Gabriel, dá a entender a este a visão. E veio perto de onde eu estava; e, vindo ele, me amedrontei, e caí sobre o meu rosto; mas ele me disse: Entende, filho do homem, porque esta visão acontecerá no fim do tempo. E, estando ele falando comigo, caí adormecido com o rosto em terra; ele, porém, me tocou, e me fez estar em pé. (Dn. 8:6-17).

Também no céu, a adoração é uma experiência real.

> E os quatro animais tinham, cada um de per si, seis asas, e ao redor, e por dentro, estavam cheios de olhos; e não descansam nem de dia nem de noite, dizendo: Santo, Santo, Santo, é o Senhor Deus, o Todo-Poderoso, que era, e que é, e que há de vir. E, quando os animais davam glória, e honra, e ações de graças ao que estava assentado sobre o trono, ao que vive para todo o sempre. Os vinte e quatro anciãos prostravam-se diante do que estava assentado sobre o trono, e adoravam o que vive para todo o sempre; e lançavam as suas coroas diante do trono, dizendo: Digno és, Senhor, de receber glória, e honra, e poder; porque tu criaste todas as coisas, e por tua vontade são e foram criadas. (Ap. 4:9-11).

As experiências descritas são somente uns poucos exemplos do que se passa na verdadeira intimidade com Deus, na qual a adoração acontece. Entretanto, desde que Adão e Eva pecaram, a adoração andou na tensão entre o estilo de vida e a liturgia. Logo depois da queda, o próprio Deus institui a liturgia de um cordeiro para que, por ela, eles entrassem em Sua presença. Em vez de adoração ser uma experiência como era entre o homem e Deus antes do pecado, agora exigia o agendamento da adoração para um tempo e um lugar (Gn. 4:2-5). Claro que entendemos que o cordeiro significava Jesus e que, somente por intermédio dEle, o homem pode chegar a Deus. Porém o final do plano eterno da criação é a adoração ao Criador. Neste momento histórico em que vivemos, em que tudo é um evento, necessitamos restaurar a verdadeira adoração como um estilo de vida cristã.

O louvor, o reconhecimento das obras de Deus, é um mandado bíblico: "Entrai pelas portas dele com gratidão, e em seus átrios com louvor; louvai-o, e bendizei o seu nome." (Sl. 100:4). O salmo 150 nos ensina muitos detalhes sobre o louvor: o versículo 1 declara nossa obrigação de louvar e indica onde fazê-lo; o versículo 2 ensina por que louvar; os versículos de 3 a 5, com que instrumentos devemos louvar. Finalmente, o versículo 5 finaliza declarando: "tudo quanto tem fôlego deve louvar o Senhor. Louvai o Senhor".

Louvor facilita o acesso a Deus. Obviamente, é o sangue de Jesus que possibilita o acesso a Deus através do perdão do pecado e nos coloca em um novo relacionamento com Deus. (Hb. 10:19). Estamos estudando os princípios que regem um coração segundo Deus, vendo esses princípios na vida de Davi. A literatura produzida pelas experiências da sua vida pessoal com Deus na área do louvor é impressionante: "E Davi saltava com todas as suas forças diante do SENHOR; e estava Davi cingido de um éfode de linho. Assim subindo, levavam Davi e todo o Israel a arca do SENHOR, com júbilo, e ao som das trombetas." (2 Sm. 6:14- 15).

Louvor é algo poderoso na presença de Deus, com a característica de estabelecer justiça e julgamento em favor do adorador. É o caso de Davi, que, quando foi desprezado por sua esposa Mical, liberou justiça e julgamento.

> E sucedeu que, entrando a arca do SENHOR na cidade de Davi, Mical, a filha de Saul, estava olhando pela janela; e,

vendo ao rei Davi, que ia bailando e saltando diante do SENHOR, o desprezou no seu coração. E, voltando Davi para abençoar a sua casa, Mical, a filha de Saul, saiu a encontrar-se com Davi, e disse: Quão honrado foi o rei de Israel, descobrindo-se hoje aos olhos das servas de seus servos, como sem pejo se descobre qualquer dos vadios. Disse, porém, Davi a Mical: Perante o SENHOR, que me escolheu preferindo-me a teu pai, e a toda a sua casa, mandando-me que fosse soberano sobre o povo do SENHOR, sobre Israel, perante o SENHOR tenho me alegrado. E ainda mais do que isto me envilecerei, e me humilharei aos meus olhos; mas das servas, de quem falaste, delas serei honrado. E Mical, a filha de Saul, não teve filhos, até o dia da sua morte. (2Sm. 6:16; 20-23).

A Bíblia nos ensina que, quando nascemos de novo, "somos transportados do reino das trevas para o reino de sua maravilhosa luz." (Cl. 1:13). Somos o povo formado por Deus e para Ele, a fim de celebrar seu louvor (Is. 43:21). Por essa razão, o reino de Deus é um reino de justiça, paz e alegria no Espírito Santo. (Rm. 14:17). Nesse ambiente, Deus habita entre os louvores de seu povo. (Sl. 22:3). No reino de Deus, a decisão sobre o que faremos é esta:

"Quanto a mim, esperarei sempre e te louvarei mais e mais. A minha boca relatará a tua justiça e de contínuo os feitos da tua salvação, ainda que eu não saiba o seu número." (Sl. 71:14- 15). "A meus irmãos declararei o teu nome; cantar-te-ei louvores no meio da congregação." (Sl. 22: 22).

Para sermos um homem ou uma mulher segundo o coração de Deus, devemos amar a Palavra, ter uma vida de oração e ser um adorador e alguém que louva ao Senhor.

Outra coisa de que necessitamos, para que possamos ser alguém com um coração segundo Deus, é a unidade. A expressão da unidade manifesta a preocupação com o nosso irmão. A unidade entre os irmãos se manifesta mais ou menos assim: **machucamos o nosso dedão do pé, resultando numa**

ferida enorme. O que vamos fazer? Naturalmente, procuramos curar a ferida. Pois bem, a Bíblia diz que somos membros uns dos outros, somos um só corpo; quando um membro sofre, todos os outros sofrem igualmente. A unidade deve causar em nós o que causou em Davi, a ponto de ele compor um cântico de romagem a Deus.

> Como é bom e agradável viverem unidos os irmãos! É como o óleo precioso sobre a cabeça, o qual desce para a barba, a barba de Arão, e desce para a gola de suas vestes. É como o orvalho do Hermom, que desce sobre os montes de Sião. Ali, ordena o Senhor a sua bênção e a vida para sempre. (Sl. 133).

Podemos pensar: "mas eu não tenho essas características de uma pessoa segundo o coração de Deus". Elas são produzidas pelo Espírito Santo, mas cabe a nós guardarmos o nosso coração e oferecê-lo a Deus, para que seja transformado. (Pv. 4:23). É nossa decisão começar a trabalhar com nosso coração para sermos um homem ou uma mulher segundo o coração dEle.

CAPÍTULO IV
Um coração segundo Deus ama a Ele e se alinha com os Seus propósitos

Utilizando Davi como exemplo de como Deus cumpre Seus princípios, lemos (1Sm. 16:1-13) acerca do que Ele faz com alguém que tem um coração segundo Ele. Quando Deus nos alinha com Seus propósitos, algumas coisas acontecem.

Quando nos alinhamos com os propósitos de Deus, isso nos posiciona para uma unção poderosa. Não podemos pensar que Deus vem e unge qualquer coração. Deus não faz isso. Porém, se temos um coração segundo Deus, Ele mesmo nos posiciona para essa unção. Para isso, Ele "nos encontra", como diz a Bíblia: "achei um homem segundo o meu coração." (At. 13:22). É impressionante o fato de Deus não fazer accepção de pessoas. Portanto, por meio da ação do Espírito Santo, todos têm a mesma oportunidade de conhecê-Lo intimamente e de ter comunhão com Ele; mesmo alguém com uma vida simples de pastor de ovelhas, como a de Davi. Significa que Deus nos posiciona para a unção de que precisamos, para cumprir nosso destino, a partir das respostas que damos à ação do Espírito Santo em nosso coração. Dos sete filhos de Jessé, só um deles tinha posicionado seu coração para conhecer a Deus. Enquanto os outros irmãos estavam distraídos com muitas coisas na vida, Davi o adorava com sua cítara, aumentava sua fé confiando em Deus, para lutar com leões e ursos, quando estes vinham roubar as ovelhas que pastoreava. Esse é um princípio que vemos em toda a Bíblia. Veja o caso de Marta e Maria:

> Indo eles de caminho, entrou Jesus num povoado. E certa mulher, chamada Marta, hospedou-o na sua casa. Tinha ela uma irmã, chamada Maria, e esta quedava-se assentada aos pés do Senhor a ouvir-lhe os ensinamentos. Marta agitava-se

de um lado para outro, ocupada em muitos serviços. Então, se aproximou de Jesus e disse: Senhor, não te importas de que minha irmã tenha deixado que eu fique a servir sozinha? Ordena-lhe, pois, que venha ajudar-me. Respondeu-lhe o Senhor: Marta! Marta! Andas inquieta e te preocupas com muitas coisas. (Lc. 10:38-41).

Sabe qual era a diferença entre Davi e os outros irmãos? Ele estava em uma posição em que o óleo podia ser derramado sobre a cabeça dele, enquanto os outros estavam distantes dessa possibilidade. Posicionamento para receber a unção é algo indispensável; não adianta pensar que o óleo da unção virá sobre nossa cabeça, se estivermos fora da posição. E o que nos coloca na posição é o nosso coração: se ele for segundo Deus, estaremos preparados para quando chegar a hora da liberação do que Deus tem para nós.

Quando nos alinhamos com os propósitos de Deus, tornamo-nos disponíveis para Ele. Em outras palavras, Deus está dizendo: "Eu tenho um propósito que quero cumprir, e Eu quero usar uma pessoa para cumpri-lo." (1Sm. 16:1). Esse é o antigo princípio estabelecido por Deus, quando decidiu deixar o ser humano encarregado de toda a criação (Gn. 1:26). Imagine que Ele, sendo Deus, alguém que cria algo do nada com uma simples palavra de Sua boca, decida cumprir seu propósito por meio de pessoas. Ele precisa do ser humano? Não! Ele decide usar-nos para os Seus propósitos. Porém precisamos estar disponíveis, estar alinhados com Seu propósito, sermos um homem ou uma mulher segundo o coração de Deus. Cumprido esse requisito, uma coisa acontece: tornamo-nos disponíveis para cooperar com Deus no propósito dEle.

Um dos grandes problemas do ser humano em seu relacionamento com Deus tem a ver com a disponibilidade.

Lendo a história de Davi, vemos que o único que saiu da obscuridade foi ele. Não vemos nenhum relato de seus irmãos sobre seus destinos específicos. É claro que Deus reservara um destino para eles também. Foi o próprio Davi que teve a revelação sobre isso.

> Pois tu formaste o meu interior, tu me teceste no seio de minha mãe. Graças te dou, visto que por modo assombrosamente maravilhoso me formaste; as tuas obras são admiráveis, e a minha alma o sabe muito bem; os meus ossos não te foram encobertos, quando no oculto fui formado e entretecido como nas profundezas da terra. Os teus olhos me viram a substância ainda informe, e no teu livro foram escritos todos os meus dias, cada um deles escrito e determinado, quando nem um deles havia ainda. Que preciosos para mim, ó Deus, são os teus pensamentos! E como é grande a soma deles! Se os contasse, excedem os grãos de areia; contaria, contaria, sem jamais chegar ao fim. (Sl. 139:13;18).

Deus queria cumprir o destino dos irmãos de Davi também, porém eles não estavam disponíveis. Há um versículo na Bíblia de que eu gosto muito, porque mostra o quanto Deus é fiel nos Seus propósitos e, também, na maneira com que Ele decide fazer as coisas: "Busquei entre eles um homem que tapasse o muro e se colocasse na brecha perante mim, a favor desta terra, para que eu não a destruísse; mas a ninguém achei." (Ez. 22:30). Ele, inclusive, quer a colaboração e a intercessão de pessoas, para que se cumpra Seu desejo.

Quando lemos o livro de Amós, por exemplo, vemos que Deus tinha alguns propósitos, entretanto precisava de gente disponível para ser usado. E Amós estava disponível. Deus proporcionou-lhe uma visão: vinha um fogo tremendo, que consumia Israel. Deus faria aquilo por causa do pecado do povo; assim, seria feita a justiça dEle. Sabemos, todavia, que Deus não tem prazer na morte do ímpio. Amós se levanta para entrar em acordo com Deus, para que, em vez do juízo, venha a bênção sobre o seu povo. Sabe o que Amós falou? "Senhor, tenha misericórdia, Israel é pequeno demais". (Am.7.5). Há o relato de que Deus se arrependeu e disse: "Não farei mais". (Am.7.6). Se continuar a leitura do livro de Amós, veremos que muitos juízos estavam se levantando contra Israel. Porque Amós estava disponível e se levantou, a situação sofreu alterações. Deus quer mudar a história não só da vida de outras pessoas, como também das nossas vidas. Deus não nos criou para o juízo. Aliás, a Bíblia assegura que, "quando nós nascemos de novo, nós não entramos no juízo" (Jo. 5:24). No entanto devemos entender que existe uma diferença entre juízo e correção. Lemos, em Hebreus (12:8), que, se um filho está sem correção, é bastardo, não é filho. Devemos nos tornar disponíveis para os planos de Deus. Pense nisso: Deus tem um propósito esperando para a sua vida; Deus tem um propósito para você.

Quando nos alinhamos com os propósitos de Deus, isso nos torna parte indispensável no Seu culto. O profeta Samuel chegou à casa de Jessé para fazer um culto (1Sm. 16:3-5). Samuel pediu que Jessé chamasse seus filhos. Todos eles vieram, mas Davi não estava lá. Descobrindo que faltava um deles, "Perguntou Samuel a Jessé: Acabaram-se os teus filhos? Ele respondeu: Ainda falta o mais moço, que está apascentando as ovelhas. Disse, pois, Samuel a Jessé: Manda chamá-lo, pois não nos assentaremos à mesa sem que ele venha." (1Sm. 16:11). Isso até parece cômico: o pai e seus irmãos esqueceram-se de Davi. Porém, sem ele, não haveria culto. O ato principal que aconteceria naquela reunião tinha a ver com Davi, o esquecido.

Imaginemos esta cena: Samuel diz: "não vai ter culto, se o filho esquecido por vocês não vier". Quando nos alinhamos ao propósito de Deus, isso nos torna indispensáveis no culto a Deus, que é a coisa mais profunda em relação à própria pessoa dEle. É assim que Deus cumpre Seus propósitos. Coisa tremenda: se Davi não vem, não começa o culto porque é chegada a hora de sua unção.

Quando nos alinhamos com os propósitos de Deus, isso cria sobre nós uma determinação. Quando somos uma mulher, um homem segundo Deus, isso cria, nas regiões espirituais, uma determinação de Deus sobre nossas vidas: Deus diz: "me provi de um rei." (1Sm. 16:1). Se nós faltarmos com este alinhamento – não tem jeito; se nós faltarmos não tem unção, se faltarmos Deus não vai eleger outro (1Sm. 1:3). Deus não tem plano *b*; por isso, precisamos ser homens e mulheres segundo o coração de Deus, porque há uma determinação nas regiões espirituais sobre nós. Deus tem coisas que quer fazer, tem uma determinação. Somente nós mesmos podemos frustrar nosso destino, que são as determinações de Deus sobre nós. O diabo não pode, as circunstâncias não podem, as pessoas não podem, mas nós podemos. Para entender isso melhor, é só ler a história de Saul. Deus não brincou com Saul, quando o ungiu como rei. Porém ele brincou com Deus, quando dividiu seu coração entre dar a glória a Deus ou receber essa glória para si mesmo. Por essa razão, perdeu o trono, tornou-se um homem atormentado por demônios, gastou seu reinado perseguindo um abençoado de Deus, praticou espiritismo e acabou suicidando-se. Deus o tinha tirado da obscuridade, no entanto seus atos o levaram a uma obscuridade maior ainda. Leia sua história em 1 Samuel. Essa não pode ser nossa história.

Precisamos entender, claramente, que ser alguém segundo o coração de Deus não significa ter uma vida perfeita. Davi não teve, mas, sempre que se tratava de fazer a vontade de Deus cumprindo uma ordem sua, ele obedecia. Veja a declaração bíblica sobre a razão por que Ele era um homem segundo o coração de Deus:

> Então, eles pediram um rei, e Deus lhes deparou Saul, filho de Quis, da tribo de Benjamim, e isto pelo espaço de quarenta anos. E, tendo tirado a este, levantou-lhes o rei Davi, do qual também, dando testemunho, disse: Achei Davi, filho de Jessé, homem segundo o meu coração, que fará toda a minha vontade. (At. 13: 21,22).

Porque Deus tirou Saul?

> Enviou-te o SENHOR a este caminho e disse: Vai, e destrói totalmente estes pecadores, os amalequitas, e peleja contra eles, até exterminá-los. Por que, pois, não atentaste à voz do

SENHOR, mas te lançaste ao despojo e fizeste o que era mal aos olhos do SENHOR? Então, disse Saul a Samuel: Pelo contrário, dei ouvidos à voz do SENHOR e segui o caminho pelo qual o SENHOR me enviou; e trouxe a Agague, rei de Amaleque, e os amalequitas, os destruí totalmente; mas o povo tomou do despojo ovelhas e bois, o melhor do designado à destruição para oferecer ao SENHOR, teu Deus, em Gilgal. Porém Samuel disse: Tem, porventura, o SENHOR tanto prazer em holocaustos e sacrifícios quanto em que se obedeça à sua palavra? Eis que o obedecer é melhor do que o sacrificar, e o atender, melhor do que a gordura de carneiros. (1Sm. 15:19-22).

Davi era um homem segundo o coração de Deus, mas a Bíblia ensina que Salomão dividiu seu coração. Ele começou muito bem: era um homem segundo o coração de Deus, mas dividiu o coração com as mulheres. Ele teve 700 mulheres e 300 concubinas; entre essas mulheres, havia as que não conheciam a Deus. E ele foi fazendo altares para elas, foi instituindo os cultos para seus deuses. O que aconteceu?! Corrompeu todo o povo de Deus. Um coração dividido. Em vez de viver uma vida de glória em glória, como diz a Bíblia, viveu uma vida de luta em luta. Assim, nosso grande negócio é o nosso coração; ele é a coisa mais preciosa que temos.

CAPÍTULO V
Um coração segundo Deus tem o temor a Ele

Quando entregamos nosso coração a Deus, conhecemos o temor a Ele. Entramos numa atmosfera de intenso temor a Deus. Provérbios nos ensina que o temor do Senhor é o princípio do saber; só os loucos desprezam a sabedoria e o ensino. (Pv. 1: 7). Temer a Deus é amá-Lo de todo o nosso coração, de toda a nossa alma e de todas as nossas forças, e guardar Seus mandamentos. (Dt. 11:13). Temer a Deus é absoluta reverência e admiração por um Deus Todo-Poderoso, o Criador de todas as coisas. Temor a Deus é diferente de medo; é algo que vem do nosso amor a Ele, cujo amor começou em razão de Ele ter-nos amado primeiro.

> No amor não existe medo; antes, o perfeito amor lança fora o medo. Ora, o medo produz tormento; logo, aquele que teme não é aperfeiçoado no amor. Nós amamos porque ele nos amou primeiro. (1Jo. 4:18,19).

O livro 1 Samuel (16:4) diz que a simples chegada do profeta para ungir o próximo rei trouxe, com ele, uma atmosfera de temor. Quando chega a profecia, chega o temor. Deus tem palavra profética preparada para nós, mas se estivermos com o coração dividido, ela não vem. A decisão da entrega total de nosso coração é o que libera essa palavra sobre nós. Quando chega o instrumento de Deus trazendo Sua Palavra, ela causa temor, porque, no reino espiritual, existe um mover poderoso. Essa unção, ligada ao nosso destino, não é "mais uma opção na vida cristã", é a única maneira de entrarmos em tudo o que Deus tem preparado para nós (Ef. 1:3). Na verdade, Deus está esperando para liberar a unção sobre nossas vidas. Por isso, devemos posicionar nosso coração, porque coração dividido e sem temor a Deus nos tira da posição que necessitamos estar para sermos ungidos.

Um grande problema que temos são as distrações. Muitas vezes, estamos num ambiente de louvor, onde Deus está derramando uma poderosa unção, e nós estamos pensando coisas do tipo: "Ah, como vai ser amanhã?!", "Onde é que vou depois do culto?", "Como vou pagar as contas amanhã" etc. Dessa maneira, não conseguimos nos conectar com a unção de Deus. Davi tinha problemas também nessa área. Veja o que fazia: ele falava com alma dele: "Por que estás abatida, ó minha alma? Por que te perturbas dentro de mim? Espera em Deus, pois ainda o louvarei, a ele, meu auxílio e Deus meu" (Sl. 42:11). Nossa alma é o que a Bíblia chama de *carne*. Precisamos colocá-la sob o controle do Espírito Santo.

O temor do Senhor nos leva à paz com Ele. "Justificados, pois, mediante a fé, temos paz com Deus por meio de nosso Senhor Jesus Cristo." (Rm. 5:1). Note como o versículo é bem específico: a paz que temos com Deus é um resultado da justificação. Não é uma paz barata, ou algo que veio de alguém que não atribui valor à santidade. A Bíblia mostra o preço que Jesus pagou pela nossa paz: "e que, havendo feito a paz pelo sangue da sua cruz, por meio dele, reconciliasse consigo mesmo todas as coisas, quer sobre a terra, quer nos céus." (Cl. 1:20).

Sendo a paz um produto da nossa justificação providenciada na cruz, ela tem dois aspectos. O primeiro é a paz em relação a Deus. Somente podemos ter paz com Deus, porque Ele satisfez Sua própria justiça. A implicação disso é tremenda: sem justiça, não há paz! A paz que temos com Deus não é uma paz comum, é uma paz que custou alto preço: o preço da vida de Jesus.

> Mas, agora, em Cristo Jesus, vós, que antes estáveis longe, fostes aproximados pelo sangue de Cristo. Porque ele é a nossa paz, o qual de ambos fez um; e, tendo derribado a parede da separação que estava no meio, a inimizade. (Ef. 2:13,14).

O segundo aspecto tem a ver com a maneira de se obter essa paz. Na carta aos Romanos, diz-se que ela vem a nós pela justificação: justificados, pois pela fé, temos paz com Deus. Para entender melhor o termo *justificação*, podemos pensar assim: justificar é atribuir justiça a alguém que não a tem. É ato legal, por meio do qual Jesus pagou a conta de nossos pecados e satisfez a justiça de Deus. Entretanto, para que isso chegue a nós, o Espírito Santo precisa trabalhar em nosso espírito produzindo um fruto chamado paz. Na verdade, o fruto do espírito é a vida de Jesus, a expressão de Seu caráter. Assim, temos o processo completo, no qual o próprio Jesus é a nossa paz, como disse o apóstolo Paulo na carta aos Colossenses.

O temor leva ao sacrifício. Começa com o sacrifício do culto racional que devemos apresentar a Ele: "Rogo-vos, pois, irmãos, pelas misericórdias de Deus, que apresenteis o vosso corpo por sacrifício vivo, santo e agradável a Deus, que é o vosso culto racional." (Rm. 12:1). Talvez a melhor explicação de que o temor a Deus leva ao sacrifício foi dada por Abraão.

> Chegaram ao lugar que Deus lhe havia designado; ali edificou Abraão um altar, sobre ele dispôs a lenha, amarrou Isaque, seu filho, e o deitou no altar, em cima da lenha; e, estendendo a mão, tomou o cutelo para imolar o filho. Mas do céu lhe bradou o Anjo do SENHOR: Abraão! Abraão! Ele respondeu: Eis-me aqui! Então, lhe disse: Não estendas a mão sobre o rapaz e nada lhe faças; pois agora sei que temes a Deus, porquanto não me negaste o filho, o teu único filho. (Gn. 22: 9-12).

Aqui estão algumas recomendações importantes sobre o temor que nos leva ao sacrifício, conforme abordado no capítulo 22: obedecer a Deus instantaneamente; obedecer a Ele ainda que isso não faça sentido para nós; obedecer ainda que saibamos que vai doer; obedecer ainda que não vejamos benefícios; obedecer completamente.

Outra expressão de temor que leva ao sacrifício é o que Ester fez por amor a seus compatriotas judeus, quando estavam sob as derterminações de um decreto real que iria exterminá-los no exílio. Ester decide interceder junto ao rei, arriscando sua própria vida.

> Vai, ajunta a todos os judeus que se acharem em Susã, e jejuai por mim, e não comais, nem bebais por três dias, nem de noite nem de dia; eu e as minhas servas também jejuaremos. Depois, irei ter com o rei, ainda que é contra a lei; se perecer, pereci. (Et. 4:16).

A descrição que Paulo faz das igrejas da Macedônia, quando fizeram suas ofertas à Igreja de Jerusalém é uma genuína expressão de sacrifício.

> Também, irmãos, vos fazemos conhecer a graça de Deus concedida às igrejas da Macedônia; porque, no meio de muita prova de tribulação, manifestaram abundância de alegria, e a profunda pobreza deles superabundou em grande riqueza da sua generosidade. Porque eles, testemunho eu, na medida de suas posses e mesmo acima delas, se mostraram voluntários, pedindo-nos, com muitos rogos, a graça de participarem da assistência aos santos. E não somente fizeram como nós esperávamos, mas também deram-se a si mesmos primeiro ao Senhor, depois a nós, pela vontade de Deus. (2Co. 8:1-5).

Será que hoje em dia somos capazes de nos sacrificar? Sabia que, quando não conseguimos sacrificar nossas coisas, estamos declarando que elas são tão importantes, ou mesmo mais importantes do que Deus? Não nos sacrificamos por pura falta de temor, não abrimos mão do nosso coração; esse é o problema. Ninguém chega por acaso aos padrões de Deus. Isso demanda um exercício de submissão, um processo que a Bíblia chama de santificação. Para isso, Deus enviou o Espírito Santo para ser aquela voz que nos guia em momentos de incerteza: "Quando te desviares para a direita e quando te desviares para a esquerda, os teus ouvidos ouvirão atrás de ti uma palavra, dizendo: Este é o caminho, andai por ele." (Is. 30:21). Temos a promessa e a certeza da direção de Deus, mas a decisão ainda é nossa. Todos que somos cristãos estamos nessa caminhada cristã; nossa vida vitoriosa depende de como está o nosso coração. Não quer dizer que, se temos um coração segundo Deus, não vamos errar. Cometeremos erros, e Deus nos os encobrirá, exatamente como não encobriu os erros de Davi. Note que a Bíblia não omite os pecados dos seus heróis. Sabe por quê? Porque Deus não tinha terminado com Davi, tampouco terminou conosco, pois estamos em processo. Às vezes, fico pensando que, como cristãos, deveríamos carregar um escrito em nossa testa: "Em Obras".

O temor requer santificação. Quando Samuel chegou a Belém, e os anciãos foram tomados de temor e perguntaram se a vinda dele era de paz, ele respondeu: "É de paz; vim sacrificar ao SENHOR. Santificai-vos e vinde comigo ao sacrifício. Santificou ele a Jessé e os seus filhos e os convidou para o sacrifício." (1Sm. 16:5). Atenção para o detalhe: "Santificai-vos e vinde comigo para o sacrifício". Sacrifício exige santidade; por isso, não podemos oferecer alguma coisa a Deus de qualquer maneira. O que quer dizer o *vocábulo* santificação? Não é aquele conceito de que santo é alguém que já não comete mais erros, tem um tipo de auréola na cabeça, podendo já ser canonizado. O termo *santificar* quer dizer reservar-se para Deus. A santificação ocorre como resultado da salvação. No momento da conversão, o Espírito Santo entra em nossas vidas. Nós não somos mais reféns da morte, de fato somos livres para viver a vida que Deus deseja para nós. Somos, assim, santificados, simplesmente por causa de nossa posição como almas perdidas, salvas pela graça. Como cristãos, percebemos, logo após termos sido salvos, que há uma nova batalha interior sendo travada dentro de nós – **uma batalha entre a nossa alma**, que a Bíblia chama de carne e que, devido ao treinamento anterior que recebeu de nossa natureza adâmica, quer nos levar ao pecado, **e a nova natureza, guiada pelo espírito.**

Digo, porém: andai no Espírito e jamais satisfareis à concupiscência da carne. Porque a carne milita contra o Espírito, e o Espírito, contra a carne, porque são opostos entre si; para que não façais o que, porventura, seja do vosso querer. (Gl. 5:16,17).

O processo de santificação requer que consagremos não somente nossas pessoas, mas tudo o que temos para Deus. Santificação é um processo de submissão a Deus. Como cristãos, cometemos um erro muito comum: pensamos que vamos ser santos no céu. Claro que isso é verdade, mas somente a metade da verdade. A santificação começa e precisa ser vivida aqui na terra. Justificamos nossa falta de compromisso com Deus, tentando remeter as coisas do presente para o futuro, para quando estivermos no céu. Passagens bíblicas exortam-nos para a santificação: "Fala a toda a congregação dos filhos de Israel e dize-lhes: Santos sereis, porque eu, o SENHOR, vosso Deus, sou santo." (Lv. 19:2); "Ser-me-eis santos, porque eu, o SENHOR, sou santo e separei-vos dos povos, para serdes meus." (Lv. 20:26).

Portanto, a verdade é que já fomos santificados em Cristo quanto ao nosso passado, mas, quanto ao presente, somos chamados para sermos santos, andar em um processo de santificação ou separação para Deus: "à igreja de Deus que está em Corinto, aos santificados em Cristo Jesus, chamados para ser santos, com todos os que em todo lugar invocam o nome de nosso Senhor Jesus Cristo, Senhor deles e nosso." (1Co. 1:2).

O temor a Deus libera nossa unção. "Porém o SENHOR disse a Samuel: Não atentes para a sua aparência, nem para a sua altura, porque o rejeitei; porque o SENHOR não vê como vê o homem. O homem vê o exterior, porém o SENHOR, o coração." (1Sm. 16:7). Essa é uma declaração que Deus fez sobre seus valores. E o coração tem valor mais alto para Ele: está acima da aparência, acima da força ou das habilidades humanas. Por isso, o tipo de coração que temos é responsável por liberar a unção de Deus, que traz com ela o nosso destino.

Parecia que, no dia da sua própria unção, Davi estava esquecido. Sim, estava esquecido por parte das pessoas; não por parte de Deus. A Bíblia diz que, quando seu pai e sua mãe o desampararem, o Senhor o acolherá. Não interessa o que os homens pensam de você; não interessa o que o seu pai pensa de você; não interessa o que a sua mãe pensa; o que o seu marido, a sua mulher, a sua avó, a sua tia, o seu chefe pensam não interessa. O que interessa – e temos que entender isso de uma vez por todas – é o que Deus pensa de nós. Só Deus pode fazer valer aquilo que Ele pensa de nós. Diz o salmo 23: "prepara-me, uma mesa na presença dos meus adversários, e unge minha cabeça com óleo". De quem é esse salmo? De Davi. Pense no instante em que a cabeça de Davi foi ungida com óleo e entenda que os irmãos não gostavam dele. No dia da sua unção, Davi tinha uma cadeira cativa, na qual nenhum dos seus irmãos poderia sentar. Assim, podemos dizer que, na mesa dEle, Deus tem uma cadeira reservada para nós, e ninguém poderá sentar em nosso lugar, ninguém.

Davi unificou e reinou sobre as doze tribos de Israel, porque tinha um coração segundo Deus. Seu filho, Salomão, recebeu essas doze tribos, porém, como dividira o coração, deixou para seus descendentes duas tribos: Judá e Benjamim.

Há uma coisa realmente interessante com relação a Davi e à liberação da sua unção. Ele temia a Deus, e isso o habilitava para a liberação de sua unção. Antes que Samuel procedesse à cerimônia de unção, ele exigiu que todos se santificassem para o encontro. Todavia descobriu que Deus não tinha escolhido nenhum dos filhos de Jessé que estavam em casa, mas, sim, a Davi, o qual se encontrava no campo com as ovelhas. Por esse motivo, este não participara de nenhum ritual de santificação. O texto bíblico informa que, no momento em que Davi retorna a casa, de imediato Samuel se levanta e derrama sobre ele o óleo da unção, não falando nada sobre santificá-lo. Davi tinha um coração segundo Deus, cheio de temor; já estava santificado. Por isso, chegado o momento da cerimônia, podia ir para os finalmente, podia ir para comida e para unção.

Outro texto interessante é aquele que conta que, quando Davi fugia de Saul, chegou a um lugar chamado Nobe, e estava com fome. Porém os sacerdotes só dispunham de pães da proposição, aqueles que eram deixados na presença do Senhor e que só os sacerdotes podiam comer, porque eram santificados. A Bíblia diz que Davi comeu aquele pão, e não morreu. Como aconteceu isso? Davi já estava santificado pelo temor que havia em seu coração. Uma definição simples de santificação é "ter um coração segundo Deus", estar preparado para receber a unção e para cumprir o plano de Deus para sua vida.

Ativando a unção. Você sabia que já existe uma unção nos esperando? Uma unção personalizada com o nosso nome não serve para mais ninguém, só serve para nós mesmos. Mas tem um detalhe a respeito: ela precisa ser liberada, ela tem que ser ativada. Como se ativa a unção? Se já temos um coração segundo Deus, cheio do temor a Ele, a unção já está liberada, não precisamos nos preocupar, pois, no tempo certo, Deus derrama a unção sobre nós. Às vezes nós queremos conquistar aquilo que Deus já nos deu de graça. A unção que temos sobre a nossa vida, não precisamos conquistá-la, ela foi conquistada pelo sacrifício de Jesus. O que temos de fazer é ativar e honrar essa unção. Ativamos pelo temor que nos leva a ter um coração segundo Deus.

Mantemos a unção, honrando-a através do guardar puro o nosso coração, como nos manda a Palavra de Deus.

A Bíblia contém inúmeros textos demonstrando que Deus ativa a unção sobre nós de maneira soberana. Em Atos (9:16,17), temos o exemplo de como Paulo recebeu a liberação de sua unção. A Bíblia também descreve o contraste existente entre Davi e Saul. Este recebeu a mesma unção de Davi, que fora designado rei sobre Israel. Pensando bem, com Saul, a unção foi muito mais chocante do que com Davi. Quando foi ungido, ele ficou o dia inteiro caído no chão, profetizando no meio dos profetas. A liberação da unção sobre Saul criou até um bordão em Israel: "Saul no meio dos profetas". Sobre Davi, o texto sagrado menciona somente que, "daquele dia em diante, o Espírito do SENHOR se apossou de Davi" (1Sm. 16:13). Entretanto Davi honrou a unção, e Saul não. Saul terminou sua história morto pelos inimigos, pedindo para alguém acabar de matá-lo. E como terminou Davi? Na sua plenitude. Morreu porque já estava velho. Morreu em paz. Terrível, terrível diferença.

Agora pense nesse ensinamento bíblico sobre a liberação de nossa unção. Ela está na mão de alguém: a unção de Davi estava na mão de Samuel; a de Elizeu, na mão de Elias; a de Jesus, na mão de João Batista; e a unção de Paulo estava na mão de Ananias. Ouvimos falar muito pouco sobre o nome Ananias. Mas você já pensou que missão importante ele tinha? Tremendo isso. Então a única coisa que deve nos preocupar é termos um coração cheio do temor ao Senhor. Ele vai mandar alguém para liberar nossa unção, para ativá-la. A unção já está à nossa disposição, só precisa ser ativada. Eu descreveria *ativação* com um exemplo simples: quando compramos algum aparelho que vem com bateria, normalmente existe um pequeno papelão nos polos dela. Para colocá-la em funcionamento, é so remover o papelão. Poderíamos comparar esse papelão ao tempo designado por Deus para que sejamos ungidos por Ele. Chegado esse tempo, Ele remove o papelão, e a corrente do poder do Espírito Santo nos possui.

O temor abre um caminho para a unção que nos traz honra. Se Davi não chegasse para a reunião, ela não começaria; como se dissesse: para tudo até que chegue Davi. Mas se ele estivesse muito longe? Não haveria problema, sem ele ali, não aconteceria nada. Vocês entenderam? Deus se torna o nosso defensor. Todas as coisas são de Deus, nós somos de Deus, nossa causa é de Deus. Davi foi honrado pela unção e aprendeu a honrá-la. Coisa tremenda. É por isso que ele teve chances e chances de matar Saul, mas ele nunca pôs a mão sobre ele.

Porque ele sabia que o seu defensor era Deus ele não precisava defender a si mesmo.

Vimos que o objetivo dessa unção é o Espírito Santo se apoderar de nós (1Sm. 16:13). Depois disso, Samuel não era mais necessário, tendo em vista que o Espírito Santo já havia se apoderado de Davi. Daí em diante, o Espírito Santo iria guiá-lo. Já temos o Espírito Santo dentro de nós. Se já nascemos de novo, estamos selados pelo Espírito Santo para o dia da redenção, como está escrito lá em Romanos. Porém uma coisa é termos o Espírito Santo dentro de nós, outra é termos o Espírito Santo governando a nossa vida, consumindo-nos. É isso que Deus quer para nossa vida. A conclusão é esta, conforme Provérbios (4:23): "Sobre tudo o que se deve guardar, guarda o coração, porque dele procedem as fontes da vida".

CAPÍTULO VI
Poder do Alto

Como já vimos, a característica primordial é ter um coração segundo Deus; sem ele não vamos a lugar nenhum. Essa é a primeira lição que nós aprendemos, na escola de Deus, para sairmos da obscuridade; somente a partir daí Deus nos leva rumo à sua perfeita vontade para conosco. Neste capítulo, trataremos da autoridade espiritual, sua importância e suas manifestações em nossas vidas. Quando deixamos Deus controlar nossos corações, Ele constrói em nós um caráter nos moldes de Seu reino. Então, passamos a expressar o que realmente somos como novas criaturas. Todavia há outras instâncias em nossas vidas em que não é só o caráter de que necessitamos, precisamos do poder de Deus para realizar Sua obra. É por isso que Jesus, depois da ressurreição, disse: "não saiam de Jerusalém, vocês vão receber poder ao descer o Espírito Santo sobre vós". O que precisamos realizar para Deus é muito maior do que nós mesmos, e não poderemos fazê-lo sem o poder do Espírito Santo, porque sem poder não há autoridade espiritual. Deus tem autoridade espiritual para nossas vidas. E sabe onde Ele a coloca? Em nosso coração. Nosso coração é o depósito. "Temos, porém, esse tesouro em vasos de barro, para que a excelência do poder seja de Deus e não de nós." (2Co. 4:7).

O que é autoridade espiritual? É um produto composto de algumas virtudes: 1. fidelidade incondicional à Palavra de Deus; 2. compreensão sobre o quão grande é nosso Deus; 3. desejo profundo de glorificar, honrar e agradar a Deus. Autoridade espiritual resulta no direito de exercer o poder e o domínio, no poder de fazer as leis. Autoridade espiritual é comando, é determinar ou julgar. Eis essa declaração a respeito do funcionamento da autoridade espiritual.

> Estejam na sua garganta os altos louvores de Deus e espada de dois fios, nas suas mãos, para tomarem vingança das nações e darem repreensões aos povos, para prenderem os seus reis com cadeias e os seus nobres, com grilhões de ferro; para fazerem neles o juízo escrito; esta honra, tê-la-ão todos os santos. Louvai ao SENHOR! (Sl. 149:6-9).

Autoridade espiritual não exige que a pessoa se porte de maneira truculenta. Segue, a título de exemplo, descrição feita da pessoa de Davi:

> Então, disse Saul aos seus servos: Buscai-me, pois, um homem que toque bem e trazei-mo. Então, respondeu um dos jovens e disse: Eis que tenho visto um filho de Jessé, o belemita, que sabe tocar e é valente, e animoso, e homem de guerra, e sisudo em palavras, e de gentil presença; o SENHOR é com ele. (1Sm. 16:18).

Uma observação muito importante sobre a autoridade espiritual é que ela pode ser recebida em meio a situações impossíveis e de grande estresse. Esse foi o caso de Ana, descrito no capítulo 1, do livro 1 Samuel. Imagine o quadro de desolação descrito por ela mesma. Esse livro registra que, quando ela decidiu resolver seu problema, foi orar com amargura de alma e choro abundante (v.10), aflita (v.11), atribulada de espírito (v.15), com excesso de ansiedade e aflição (v.16). Ela era, nesse ponto, a pura expressão da derrota. Foi nessas circunstâncias que ela deu a volta por cima e recebeu autoridade sobre a esterilidade. Sua vida mudou quando Eli, o sacerdote, mesmo sem discernimento, falou com ela. E ela recebeu a palavra:

> Então, lhe respondeu Eli: Vai-te em paz, e o Deus de Israel te conceda a petição que lhe fizeste. E disse ela: Ache a tua serva mercê diante de ti. Assim, a mulher se foi seu caminho e comeu, e o seu semblante já não era triste. Levantaram-se de madrugada, e adoraram perante o SENHOR, e voltaram, e

chegaram a sua casa, a Ramá. Elcana coabitou com Ana, sua mulher, e, lembrando-se dela o SENHOR, ela concebeu e, passado o devido tempo, teve um filho, a que chamou Samuel, pois dizia: Do SENHOR o pedi. (1Sm. 1:17-20).

A autoridade espiritual não somente começa, mas também opera pela fé. Na verdade, ela é o resultado da fé em ação, como ocorreu no caso de Ana. Autoridade espiritual não é somente para possuir o que queremos, mas também para podermos passar pelas provações e glorificar nelas o nome do Senhor. É claro que, muitas vezes, pensamos estar passando por provações porque estamos sendo disciplinados ou, mesmo, que Deus não está conosco. Pode até ser verdade, mas nem sempre isso acontece. Esse texto bíblico ajuda-nos a compreender a descrição do exercício de autoridade na Bíblia:

> Alguns foram torturados, não aceitando seu resgate, para obterem superior ressurreição; outros, por sua vez, passaram pela prova de escárnios e açoites, sim, até de algemas e prisões. Foram apedrejados, provados, serrados pelo meio, mortos a fio de espada; andaram peregrinos, vestidos de peles de ovelhas e de cabras, necessitados, afligidos, maltratados (homens dos quais o mundo não era digno), errantes pelos desertos, pelos montes, pelas covas, pelos antros da terra. Ora, todos estes que obtiveram bom testemunho por sua fé não obtiveram, contudo, a concretização da promessa, por haver Deus provido coisa superior a nosso respeito, para que eles, sem nós, não fossem aperfeiçoados. (Hb. 11:35-40).

O livro de Hebreus (11:32-35) fornece-nos um resumo da autoridade espiritual, que resulta da ação da fé. A fim de colocar as coisas como submissas ao nosso Deus, o autor do livro mencionado chega a dizer que lhe falta tempo para falar mais especificamente sobre alguns temas.

> E que mais direi? Certamente, me faltará o tempo necessário para referir o que há a respeito de Gideão, de Baraque, de

Sansão, de Jefté, de Davi, de Samuel e dos profetas, os quais, por meio da fé, subjugaram reinos, praticaram a justiça, obtiveram promessas, fecharam a boca de leões, extinguiram a violência do fogo, escaparam ao fio da espada, da fraqueza tiraram força, fizeram-se poderosos em guerra, puseram em fuga exércitos de estrangeiros. Mulheres receberam, pela ressurreição, os seus mortos.

Todas as pessoas citadas em Hebreus (11) são exemplos de vida que põem a autoridade espiritual em ação. Um grande exemplo do exercício de autoridade espiritual é o de Moisés. A ele, Deus deu um símbolo de sua autoridade, que era seu cajado. Claro que a autoridade não estava no cajado, mas em Moisés. O cajado era, simplesmente, o seu instrumento. É impressionante quando, em Êxodo (7:1), Deus diz que constituiu Moisés como Deus sobre o faraó, e Arão, seu irmão, como seu profeta. Claro que entendemos que Moisés seria a autoridade de Deus sobre o faraó. Executando a vontade soberana de Deus, Moisés liberou as dez pragas diante de faraó. A vontade de Deus prevelaceu por intermédio da autoridade de Moisés. Temos aqui um exemplo claro em que a Bíblia mostra sobre o significado de autoridade espiritual.

Depois de liberto o povo do Egito, o faraó saiu atrás deles, encurralando-os entre o mar e o exército. O povo fica amendrontado, murmura contra Moisés, que vai falar com Deus. A resposta que recebe é essa: "Disse o SENHOR a Moisés: Por que clamas a mim? Dize aos filhos de Israel que marchem. E tu, levanta o teu bordão, estende a mão sobre o mar e divide-o, para que os filhos de Israel passem pelo meio do mar em seco." (Ex. 14:15,16). Em outras palavras: use a sua autoridade, faz o seu serviço e não fiques pedindo para Eu fazer. Então Israel atravessou o mar e começou a sua jornada no deserto. Porém não havia água. Chegaram perto de um oásis, mas a água existente era salgada. Deus, então, ordenou a Moisés que lançasse um tipo de madeira nas águas. Aquilo era um exercício de autoridade espiritual, e as águas se tornaram saudáveis.

O profeta Elizeu, logo depois de ter recebido a autoridade espiritual, chegou à cidade de Jericó, onde suas águas eram salgadas, e a terra era estéril. Ele jogou sal na fonte, e esta ficou doce, e a terra produtiva. Isso aconteceu por meio do exercício da autoridade espiritual (2Rs. 2:21). De igual maneira, Elias havia orado para que não chovesse sobre a nação, e, por três anos e meio, não choveu. Depois o homem de Deus foi orar, e ele orou sete vezes, até que se formou a chuva. Ele literalmente fez chover. Isso é o que se chama autoridade espiritual. Ela é algo tremendo, faz a diferença em nossas vidas, como no caso de Israel. Abre caminhos para nossas vidas, quando julgamos nem existirem. Basta fazermos como Moisés, tocar o problema com nossa autoridade espiritual.

Certo é que precisamos de autoridade espiritual. E, se ainda não temos, talvez seja por isso que não estamos conseguindo fazer com que a nossa vida seja uma vida vencedora. A autoridade espiritual é uma necessidade inegociável, por isso não conseguiremos chegar aonde Deus quer sem ela.

Necessitamos, entretanto, entender algumas coisas sobre autoridade espiritual. Primeiro, autoridade espiritual é posse exclusiva de Jesus Cristo, cabeça da Igreja. Ele disse: "toda autoridade me foi dada nos céus e na terra". Depois disso, falou para os discípulos: "agora ide". O que ele estava dizendo, em outras palavras, era que os discípulos iriam com a autoridade dEle. Temos que entender que a autoridade espiritual tem uma fonte, e a fonte é Jesus. É Jesus quem dá, e, quando Ele derrama sobre alguém a autoridade espiritual, visa ligar na terra o que já está feito no reino dos céus. O que precisamos fazer é só organizar as coisas aqui na terra. É muito importante entender que, até que Jesus terminasse Sua missão, Ele não operava em Sua autoridade, mas na autoridade do Pai. Somente depois da ressurreição, Ele disse: "Toda autoridade me foi dada". Isso é um princípio. Da mesma maneira, hoje, nós operamos na autoridade de Jesus.

A segunda coisa que precisamos entender é que autoridade é transmitida dentro e através do corpo, que é a Igreja. A autoridade dela reside na união que os membros deste corpo têm com o cabeça, Cristo. Então autoridade espiritual é para quem anda bem com Deus e com o corpo. Quem não anda bem com Deus compromete a autoridade espiritual. E, aí, na hora em que precisa de alguma coisa, sabe o que essa pessoa faz? Vai pedir oração ao pastor ou a algum irmão; pede à Igreja que ore por ela, sem que tenha orado primeiro. Parece até que crê que outras pessoas têm mais autoridade, como se houvesse cristãos de primeira e segunda categoria. Vamos deixar uma coisa bem clara: quando Jesus disse "ide', Ele estava liberando Sua autoridade sobre nós. Então o problema não está em termos ou não autoridade, visto que já a temos. O problema está em nos movermos na autoridade que temos. Quem ainda não nasceu de novo não tem autoridade espiritual, de acordo com a história de Atos, em que os filhos do sumo sacerdote Ceva viram o que Paulo fazia curando e expulsando demônios. Decidiram fazer o mesmo. Veja só o resultado:

> "Mas o espírito maligno lhes respondeu: Conheço a Jesus e sei quem é Paulo; mas vós, quem sois? E o possesso do espírito maligno saltou sobre eles, subjugando a todos, e, de tal modo prevaleceu contra eles, que, desnudos e feridos, fugiram daquela casa"(19:15-16).

Uma terceira coisa sobre autoridade espiritual: só tem autoridade quem está submisso à autoridade. Lucas (capítulo 7) registra a história da cura do servo de um centurião. Com ela, aprendemos como funciona a autoridade espiritual. O centurião dirigiu-se aos anciãos, para que estes pedissem a Jesus que enviasse uma palavra no sentido de que o servo fosse curado, mas os líderes religiosos não criam. Por isso, estavam levando Jesus até a casa do centurião. Sabendo disso, este pediu para que Jesus não viesse, mas apenas mandasse uma palavra. Veja a explicação que ele dá sobre autoridade:

> Porque também eu sou homem sujeito à autoridade, e tenho soldados às minhas ordens, e digo a este: vai, e ele vai; e a outro: vem, e ele vem; e ao meu servo: faze isto, e ele o faz. Ouvidas estas palavras, admirou-se Jesus dele e, voltando-se para o povo que o acompanhava, disse: Afirmo-vos que nem mesmo em Israel achei fé como esta. E, voltando para casa os que foram enviados, encontraram curado o servo.(Lc. 7:8-10).

Com a leitura desse texto, aprendemos que o funcionamento da autoridade espiritual depende diretamente do exercício da fé em Jesus. Os anciãos não tiveram fé porque não estavam ligados à cabeça, que é Jesus.

O princípio da autoridade espiritual funciona até para o Diabo. O evangelho de Lucas nos relata o que aconteceu na tentação de Jesus.

> E, elevando-o, mostrou-lhe, num momento, todos os reinos do mundo. Disse-lhe o diabo: Dar-te-ei toda esta autoridade e a glória destes reinos, porque ela me foi entregue, e a dou a quem eu quiser. Portanto, se prostrado me adorares, toda será tua. (Lc. 4:5-7).

Uma quarta coisa importante sobre autoridade espiritual é a unidade. No evangelho de Mateus (12:22-24), temos o relato de Jesus expelindo, de um mudo, o demônio. A pessoa muda passou a falar, e as multidões se maravilharam com isso. Uns, porém, diziam que Ele expulsava demônio em nome de Belzebu, o maioral deles. Então Jesus proferiu as seguintes palavras: "Todo reino dividido contra si mesmo ficará deserto, e toda cidade ou casa dividida contra si mesma não subsistirá. Se Satanás expele a Satanás, dividido está contra si mesmo; como, pois, subsistirá o seu reino?" (Mt. 12:25,26).

A unidade é tão imprescindível que Jesus, em sua última oração, antes de ser traído, fez ao Pai este pedido em favor de seus discípulos:

Não rogo somente por estes, mas também por aqueles que vierem a crer em mim, por intermédio da sua palavra; a fim de que todos sejam um; e como és tu, ó Pai, em mim e eu em ti, também sejam eles em nós; para que o mundo creia que tu me enviaste. Eu lhes tenho transmitido a glória que me tens dado, para que sejam um, como nós o somos; eu neles, e tu em mim, a fim de que sejam aperfeiçoados na unidade, para que o mundo conheça que tu me enviaste e os amaste, como também amaste a mim. (Jo. 17:20-23).

Não creio que Jesus orou por coisas superficiais ou menos importantes em sua última oração ao Pai em prol dos discípulos. Creio que Ele se concentrou em orar pelas coisas imprescindíveis, as mais importantes. Por quem Jesus orou no texto acima? Orou por seus discípulos e por toda a geração de discípulos que surgiriam, como descendência daqueles que Ele discipulou. Depois, orou pela unidade entre os discípulos, não qualquer tipo de unidade, mas o tipo de unidade existente entre Ele e o Pai. Então orou pela unidade entre todos os discípulos, com Ele e com o Pai. Depois afirmou que essa unidade vem da glória que o Pai deu, e que Ele deu aos seus discípulos. Declarou que essa unidade produz o aperfeiçoamento, para que o mundo conheça que Ele foi enviado e amado pelo Pai. É da unidade que emana a autoridade espiritual.

A quinta coisa importante: a autoridade espiritual opera a partir de nossa pessoa espiritual. João (3:6) diz que o que é nascido da carne é carne, e o que é nascido do Espírito é espírito. Nessa direção, Paulo declara aos Coríntios: "Semeia- se corpo natural, ressuscita corpo espiritual. Se há corpo natural, há também corpo espiritual." (1Co. 15:44). As citações acima formam uma sequência: João fala do novo nascimento, que é quando nos tornamos pessoas espirituais, e Paulo complementa, falando do corpo espiritual da ressurreição. Sem nos tornarmos pessoas espirituais, não teremos corpos espirituais nos moldes do corpo de Jesus, quando Ele ressuscitou. Essa pessoa espiritual também é chamada de "homem interior", o qual deve ser fortalecido, segundo Paulo ensina em Efésios (3:16). É também esse homem espiritual que julga todas as coisas, e não é julgado por ninguém. (1Co. 2:16).

Não operar segundo o homem espiritual que existe em cada um de nós é a causa de quase todos os nossos problemas. Isso porque, quando operamos pela carne, estamos fora dos propósitos de Deus. Entretanto precisamos entender que, mesmo estando nos propósitos de Deus, podemos ter problemas. Servem de exemplo os problemas de Jó. Nossas decisões não dão certo quando não conseguimos ter um julgamento apropriado sobre aquilo que vamos fazer, o porquê vamos fazer e como vamos fazer. Quando uma decisão nossa dá errado, muitas vezes, ficamos confusos, sem saber por quê. Parecia ser uma boa decisão; mas, então, o que faltou? Faltou autoridade espiritual, que advém da operação do homem interior, e não da alma, que é a carne. Nossa autoridade espiritual está ligada ao homem espiritual que existe em nós.

A sexta coisa é que a autoridade espiritual tem propósito. Sabe por que Deus tinha dado autoridade espiritual a Saul? Para que Saul pudesse cumprir a justiça de Deus contra o inimigo que tinha se levantado contra Seu povo, e liderasse o povo de Deus em sua vida espiritual. Quando Israel estava no deserto para entrar na terra, um rei chamado Amaleque saiu para impedir que o povo entrasse em sua herança e lutou contra Israel em Refidim (Ex. 17:8-16). Conforme registrado no versículo 14, Deus mandou Moisés escrever, num livro, que a memória de Amaleque seria riscada da terra. No reinado de Saul, Deus ordenou a Samuel que falasse a Saul, para que este acertasse as contas e cumprisse a sua palava dada contra Amaleque. Era a autoridade espiritual entrando em ação por um propósito.

Se Saul fosse, por ele mesmo, destruir os amalequitas, não teria vitória, mas ele estava indo com uma autoridade que não era dele, a autoridade espiritual, aquilo que Deus tinha dado a ele. Porém sabe o que Saul fez? Ele desobedeceu. Em vez de usar a sua autoridade espiritual para o propósito que Deus tinha, começou a usar a autoridade espiritual para o propósito que ele mesmo tinha para sua própria vida: estabelecer sua fama. Irmãos e irmãs, na época em que vivemos, testemunhamos inúmeros homens de Deus, na televisão, gente muito conhecida, subindo e caindo, desaparecendo de cena ou continuando em cena por si mesmos, sem Deus.

Quando Deus dá autoridade, a pessoa é exaltada. Porém, na maioria das vezes, como aconteceu com Saul, quando é exaltada, ela começa a usar a autoridade espiritual para o seu próprio benefício, para sua própria glória. Saul foi lá e matou todo mundo. Naquele tempo, quando um rei voltava da guerra, se não trouxesse despojos, se não trouxesse escravos, ele não tinha glória nenhuma. Ele matou todo mundo, deixando vivos apenas o rei, que era o principal inimigo, e alguns bois, segundo ele, os melhores do rebanho. Conforme suas palavras, ele fez isso em sacrifíco do Senhor! Imagine sacrificar ao Senhor o que foi condenado. Assim, ele tocou na glória de Deus; e todas as vezes em que tocamos na glória de Deus, comprometemos a autoridade espiritual. Como tocamos na glória de Deus? Quando usamos a autoridade de Deus para fazermos coisas para nossa própria glória. Dessa maneira, perdemos o propósito da autoridade espiritual.

A sétima coisa é que a autoridade espiritual pode ser perdida. Amados, a autoridade espiritual não é uma coisa que ganhamos, podendo usá-la incondicionalmente. Veja o caso de Saul, do qual estamos falando. Ele vinha da vitória contra os amalequitas. Todavia a Bíblia diz que ele já tinha levantado para si um monumento no monte Carmelo (1Sm. 15:12). Então Deus diz a Samuel que havia se arrependido de ungir Saul: "Arrependo-me de haver constituído Saul rei, porquanto deixou de me seguir e não executou as minhas palavras. Então, Samuel se contristou e toda a noite clamou ao SENHOR" (1Sm. 15:11). Samuel encontra-se com Saul e lhe pergunta: você foi lá e fez o que Deus disse pra fazer? E Saul responde: Ah! sim, eu fui lá e fiz. Na mesma hora, escuta-se um mugido de boi, e Samuel pergunta para Saul o que é aquilo. Então vem a explicação mentirosa de Saul. Em resposta, Samuel diz algo terrível para ele.

> Porém Samuel disse: Tem, porventura, o SENHOR tanto prazer em holocaustos e sacrifícios quanto em que se obedeça à sua palavra? Eis que o obedecer é melhor do que o sacrificar, e o atender, melhor do que a gordura de carneiros. Porque a rebelião é como o pecado de feitiçaria, e a obstinação é como a idolatria e culto a ídolos do lar. Visto que rejeitaste a palavra do SENHOR, ele também te rejeitou a ti, para que não sejas rei. (1Sm. 5:22, 23).

Desobediência é rebelião, e rebelião é igual ao pecado de feitiçaria. Então, entenda o ensino do texto: quando estamos ungidos e enviados para uma tarefa específica em nome do Senhor e, roubamos Sua glória, levantando monumentos em nossa própria honra, roubamos assim a glória do Senhor e nos tornamos feiticeiros. Rebelião é igual ao pecado de feitiçaria. Contudo pensamos que feiticeiros são apenas aquelas pessoas que levam despachos na encruzilhada, no cemitério, nas cachoeiras etc. Entenda isso: quando Deus derramou o Espírito Santo sobre Saul, quando encheu o coração dele de autoridade espiritual, Deus não estava brincando. Ele, de fato, foi revestido pelo Espírito Santo, com a unção que ele deveria ter para ser rei. Ele ficou o dia inteiro caído no chão profetizando com os profetas. Até surgiu o bordão "Saul no meio dos profetas", porque ele não era profeta. Será que Deus fez isso por brincadeira? Claro que não; o plano era que Saul fosse rei até o fim do seu mandato, e não tivesse de ser substituído; ou que fosse substituído somente depois de cumprir todo seu ministério de rei. Porque Saul perdeu sua unção?

> Visto que rejeitaste a palavra do SENHOR, já ele te rejeitou a ti, para que não sejas rei sobre Israel. Virando-se Samuel para se ir, Saul o segurou pela orla do manto, e este se rasgou. Então, Samuel lhe disse: O SENHOR rasgou, hoje, de ti o reino

de Israel e o deu ao teu próximo, que é melhor do que tu. (1Sm. 15: 27-28).

Mas o final da história é este: Saul passou a maior parte do seu reinado sem desfrutar do que Deus tinha reservado para ele. Na fase final do reinado, viveu em perseguição a alguém que nunca pôde alcançar: Davi. Pior ainda do que isso: Deus retirou-lhe a unção, e enviou um espírito maligno de tormento sobre ele. Isso, para mim, é uma coisa chocante, porque, em todos os meus anos, vejo muitos crentes perturbados. Na maioria das vezes, nem sabem o que está acontecendo. Muitas vezes, o problema está na autoridade espiritual. Ela foi posta no coração, mas a pessoa não cuidou deste. Por causa disso, saiu a bênção, e começou o tormento. O discernimento se foi, a direção e os propósitos se perderam. Você acha que o propósito, destinado por Deus a Saul, era no sentido de ele perseguir Davi a vida inteira? Nunca! Era consolidar o reino, era ter paz, era ter uma família abençoada. Como se sabe, o próprio filho – Jônatas – era homem de Deus. A conclusão a que chegamos é que a autoridade espiritual pode ser perdida pela "rebelião, que é como o pecado de feitiçaria..." (1Sm. 15.23a).

A oitava coisa sobre a autoridade espiritual é a publicidade que Deus faz de quem foi revestido por ela. Saul tinha sido rejeitado, e um espírito maligno o atormentava. Davi já tinha sido ungido, e a unção espiritual tinha tomado posse dele (1Sm. 16:13). Deus começa então a aproximar Davi do trono que lhe pertencia. A primeira providência adotada foi tornar conhecida a unção que lhe dava autoridade espiritual. Na verdade, esse é o primeiro passo para assumirmos nossa posição: o inferno precisa saber que temos autoridade. Jesus disse aos seus discípulos, e também a nós: "Tendo chamado os seus doze discípulos, deu-lhes Jesus autoridade sobre espíritos imundos para os expelir e para curar toda sorte de doenças e enfermidades." (Mt. 10:1). Assim Deus fez com Davi.

Então, os servos de Saul lhe disseram: Eis que, agora, um espírito maligno, enviado de Deus, te atormenta. Manda, pois, senhor nosso, que teus servos, que estão em tua presença, busquem um homem que saiba tocar harpa; e será que, quando o espírito maligno, da parte do SENHOR, vier sobre ti, então, ele a dedilhará, e te acharás melhor. Disse Saul aos seus servos: Buscai-me, pois, um homem que saiba tocar bem e trazei-mo. Então, respondeu um dos moços e disse: Conheço um filho de Jessé, o belemita, que sabe tocar e é forte e valente, homem de guerra, sisudo em palavras e de boa aparência; e o SENHOR é com ele. Saul enviou mensageiros a Jessé, dizendo: Envia-me Davi, teu filho, o que está com as ovelhas. (1Sm. 1:115-119).

Pura propaganda celestial. Não precisamos tomar as coisas em nossas mãos, haja vista que Deus se encarrega da divulgação. É Deus que nos levanta, que nos põe no lugar onde temos de estar. Pense nisso também: Davi nunca tinha ido a nenhuma guerra. De repente, ele tem de levar vinho e queijo a seus irmãos que estão na guerra. Ele não tinha feito nenhuma guerrinha; tinha matado um urso e um leão, mas nada de guerra. Ele vê, então, um gigante enorme, que coloca todo o exército de Israel com medo, fazendo pouco caso do povo e de seu Deus. Aí ele pensa que alguma coisa está errada. Entenda que Davi não foi o único a ficar irritado com a situação, mas também a própria unção que habitava nele.

Davi começa a falar com os soldados; seus irmãos ouvem e ficam irritados. Acontece, porém, que ele era o único interessado em ter um encontro com o gigante. Por essa razão, ele é conduzido à presença de Saul, que não reconhece nele o rapazinho da harpa que afugentava seus demônios. Sem ao menos perguntar quem era ele, declara que o mesmo não poderá fazer nada contra o gigante. Davi conta a história do leão e do urso, e Saul tenta vestir-lhe sua armadura. Mas não dá certo: Davi sentiu-se como uma sardinha dentro de uma lata. Pense nisso: nossa unção não pode se mover dentro de uma armadura que não nos pertence. Davi, então, sai ao encontro do gigante filisteu com sua funda (um estilingue sem cabo), seu cajado de pastor e cinco pedras lisas que apanhou no riacho. Essas eram suas armas.

Finalmente o encontro acontece: o gigante despreza Davi e o amaldiçoa pelos seus deuses, entretanto Davi faz a declaração mais poderosa do universo:

> Tu vens contra mim com espada, e com lança, e com escudo; eu, porém, vou contra ti em nome do SENHOR dos Exércitos, o Deus dos exércitos de Israel, a quem tens afrontado. Hoje mesmo, o SENHOR te entregará nas minhas mãos; ferir-te-ei, tirar-te-ei a cabeça e os cadáveres do arraial dos filisteus darei, hoje mesmo, às aves dos céus e às bestas-feras da terra; e toda a terra saberá que há Deus em Israel. Saberá toda esta multidão que o SENHOR salva, não com espada, nem com lança; porque do SENHOR é a guerra, e ele vos entregará nas nossas mãos. (1Sm. 17:44-47).

Aleluia. Essas palavras de Davi não eram dele; era a própria unção espiritual falando. E havia uma multidão ouvindo. Agora, imagine esta cena: dois exércitos, o de Israel e o dos filisteus, olhando, e Davi seguindo em direção ao gigante. Logo após, lança a pedra na testa de Golias, o qual cai por terra. Davi pega da sua espada, corta-lhe a cabeça e a levanta, segurando pelos cabelos. Uma multidão vendo isso: que comercial poderoso! Não creio que nenhuma agência de publicidade pudesse fazer algo melhor. Todo o exército inimigo foge; Israel persegue os filisteus e vence a guerra. Em seguida, Davi leva a cabeça do gigante para Jerusalém, mas suas armas, guarda-as em sua tenda; agora elas são dele. Só então Saul pergunta: "Quem é esse jovem?" Ninguém sabe, é um herói até então desconhecido. Saul manda buscá-lo e pergunta quem ele é. A partir desse momento, Davi passa a morar no palácio, onde já tinha ficado por algum tempo expulsando demônios. Creio que isso é suficiente para entendermos como Deus faz a propaganda da sua unção em nós.

A nona coisa: a autoridade espiritual é como um imã que nos atrai para o lugar a que pertencemos. Davi, por duas vezes, foi morar no palácio, que, temporariamente, estava sendo ocupado por Saul, mas que na verdade era seu. Deus, muitas vezes, faz conosco o que fez com Davi: leva-nos ao lugar que é nosso, mas não coloca tudo em nossas mãos de uma vez só. Leva-nos para treinamento, para nos familiarizarmos com o que é nosso e aprendermos o que acontece por lá. Lá Davi foi feito chefe da guarda pessoal de Saul. Antes, tudo o que sabia era pastorear ovelhas. A partir daquele momento, porém, vai aprender como funciona um exército, sobre o qual não tinha a mínima noção. Aquele palácio era seu, aquele exército era seu, mas ainda não tinha sido colocado em suas mãos, só parcialmente. Davi aprende a comer com o rei, aprende como funciona a posição de rei, aprende como funciona um exército, liderando uma tropa pequena de soldados. Deus nos treina para a autoridade espiritual, entregando-nos o pouco em nossas mãos. Se formos fiéis no pouco, Ele colocará o muito em nosso poder.

Finalmente, a última coisa que a autoridade faz conosco é nos tornar adoradores. Davi tinha um coração de adorador. Quando ele adorava a Deus, os demônios não conseguiam ficar em Saul, tinham que sair. Davi foi trazido ao palácio para que Deus pudesse, na prática, estabelecer a autoridade espiritual dele. Era Deus trabalhando com Davi. Não pensemos que era Deus trabalhando com Saul. Se Deus quisesse que Saul tivesse paz, Ele não enviaria aquele demônio para atormentá-lo. Era Deus fazendo Davi conhecido nas regiões celestiais. Deixe-me compartilhar a experiência por que passei, quando ainda estava no Brasil. Algumas pessoas líderes no espiritismo se converteram e vieram para a igreja. Foi um tempo de muita batalha espiritual, pois tive que expulsar todos os tipos de demônios. Para mim, foi uma escola prática de como lidar com o inimigo. Um dia eu estava pregando, e uma garota ficou endemoninhada. Então, pedi aos líderes que a levassem para a sala de aconselhamento, pois, quando eu terminasse de pregar, iria expulsar aquele demônio. Terminado o culto, eu fui para a sala onde a pessoa endemoninhada estava. Antes que eu entrasse, e ninguém da sala pudesse me ver, o demônio gritou: "Você veio me perturbar de novo?" Então respondi: "Você já sabe quem sou e sabe também o que vai acontecer com você. Saia, em nome de Jesus". E não deu muito trabalho, já conhecia o meu nome, porque eu já tinha expulsado aquele demônio antes. Dá para entender? Deus quer fazer nosso nome conhecido nas regiões celestiais. Entenda que antes de o nosso nome ser conhecido entre as pessoas, ele precisa ser conhecido nas regiões celestiais.

Nosso coração e nossa autoridade espiritual são os fundamentos sobre os quais toda vida vitoriosa é construída. Vocês sabem por que existe tanto crente derrotado? Tendo como base a história de Davi, compreendemos que não é possível que alguém que tem autoridade espiritual e um coração segundo Deus, viva passando fome. Ele disse que fora moço, naquele momento era velho e nunca vira um justo desamparado a mendigar o pão. A história sobre a opressão de Saul e a autoridade da adoração de Davi está relatada na Bíblia, com a finalidade de mostrar-nos o que acontece, na prática, quando não nos submetemos a Deus, não o adoramos e nem lhe damos a devida glória. O plano de Deus para nós é que vivamos de glória em glória, e não de desgraça em desgraça.

CAPÍTULO VII
Autoridade Perante os Homens

Nós estamos falando sobre como Deus trabalha conosco para nos tirar da obscuridade e nos colocar numa posição de honra e destaque, numa posição de responsabilidade no reino dos céus. Deus diz que somos reis e sacerdotes. Por essa razão, nós podemos não ter um trono visível, mas somos autoridades segundo o poder que nos foi outorgado por Jesus. O exercício dessa autoridade funciona da seguinte maneira: primeiro, ninguém tem autoridade, se não recebê-la de Deus. Ele é a fonte de toda autoridade genuína e com propósitos justos. (Mt. 10:1; 28:18-19). Segundo, essa autoridade se manifesta nos relacionamentos humanos para o cumprimento dos propósitos divinos. Para entendermos os princípios que governam a manifestação da autoridade espiritual diante dos homens, vamos continuar analisando a vida de Davi.

A autoridade de Davi perante os homens começou a ser demonstrada no dia de sua unção. A Bíblia nos conta (1Sm. 16) que, quando o profeta Samuel chegou em Belém, os anciãos saíram ao seu encontro tremendo e lhe perguntaram: "É de paz tua vinda?" Ele simplesmente respondeu que sim e que estava ali para um sacrifício ao Senhor. Santificou o povo e começaram a cerimônia. Imaginemos essa cena: todas as autoridades de Belém e mais a casa de Jessé, todos reunidos. Uma reunião realmente importante, mas com uma coisa não muito clara: um rei seria ungido nesse dia. Isso porque Samuel tinha medo de ser morto por Saul, caso ele descobrisse que o profeta iria ungir um rei. Em meio à cerimonia, descobre-se que falta alguém indispensável: Davi. Ele não tinha sido convidado nem sido santificado para participar da cerimônia. Quando ele chega, um simples garoto de boa aparência e que cuidava das ovelhas de seu pai, Samuel se levanta, chama-o e, perante todos, derrama o óleo da unção sobre sua cabeça (1Sm.16:12-13). Segundo Êxodo (30:23-25), esse óleo era obra de perfumista, quer dizer, quando Davi foi ungido, o perfume da unção dele pôde ser sentido por todos os presentes. Assim, sua autoridade foi estabelecida perantes os homens. Ele passara a ser "um ungido de Deus". Fico pensando: por causa do medo de Samuel, ninguém soube que ali estava um futuro rei.

Daquele momento em diante, Davi estava apto a exercer a autoridade que lhe tinha sido designada, para fazer com que a vontade de Deus fosse cumprida na terra, assim como é cumprida no céu. Vemos, a partir de sua história, que manifestação dessa autoridade veio de maneira progressiva, e não tão rapidamente. O primeiro relatório bíblico sobre esse fato veio do próprio palácio, dos servos de Saul.

> Disse Saul aos seus servos: Buscai-me, pois, um homem que saiba tocar bem e trazei-mo. Então, respondeu um dos moços e disse: Conheço um filho de Jessé, o belemita, que sabe tocar e é forte e valente, homem de guerra, sisudo em palavras e de boa aparência; e o SENHOR é com ele. Saul enviou mensageiros a Jessé, dizendo: Envia-me Davi, teu filho, o que está com as ovelhas. (1Sm. 16:17-19).

Davi, já no palácio, tocava sua harpa, e o demônio deixava Saul em paz. Imagine o impacto causado nas pessoas pelo que Davi fez. Acredito que a notícia foi divulgada no palácio e, em seguida, expandiu-se pelo reino todo. Obviamente quem sugeriu o nome de Davi o conhecia e tinha visto alguma manifestação do poder vindo de sua autoridade, pois afirmou que ele seria capaz de fazer o que ninguém estava podendo. Davi estava se movendo no reino de Deus, conforme a autoridade e os princípios dEle. É assim que deve ser conosco também. O próprio Jesus ensinou que nossa autoridade precisa prevalecer na terra. Ele disse que a vontade de Deus tinha que ser "feita" aqui na terra igualmente como é "feita" no céu. No céu, a vontade de Deus é feita de maneira perfeita. A Bíblia diz que Deus vai colocar todas as coisas debaixo dos pés de Jesus. Você e eu somos Seus pés, porque somos Seu corpo, e Ele é cabeça. Somos as Suas mãos, os Seus olhos, os Seus pés, porém às vezes não estamos bem conscientes disso, e a nossa autoridade perante os homens não flui por esse motivo.

É assim que o exercício da autoridade perante os homens vai formando a nossa identidade como filhos e filhas do reino, como governantes de Deus. Isso também nos faz caminhar rumo ao nosso destino. Quando Deus pensou em nós, antes da fundação do mundo, Ele tinha um propósito para nossas vidas. Deus é um Deus de propósitos, e esses propósitos são chamados de destino. A parte triste disso tudo é que muita gente passa por essa vida e nunca entra no seu destino. Contudo nós vamos entrar no nosso destino, em nome de Jesus, e o nosso destino vai se cumprir totalmente.

Outra manifestação da autoridade de Davi perante os homens veio em um contexto diferente. Lembre-se que, no palácio, ele foi chamado para exercer poder. Na segunda manifestação, ele mesmo se apresenta e se dispõe a agir. Quando seu pai o mandou levar trigo tostado e pães para seus irmãos, queijo para o comandante de mil homens, Davi constatou uma situação a qual ele considerou ridícula. Um homem do exército inimigo, chamado Golias, se levantava e fazia um desafio aos homens do exército do Senhor; mais ou menos assim: "Tem homem aí do outro lado? Se tem, venha alguém para pelejarmos. Quem vencer terá ganho a batalha em favor do seu exército, e o exército perdedor será escravo". Esse contendor era o gigante Golias. Segundo relato bíblico, todos ficaram muito assustados e fugiam do desafio. (1Sm. 17:24). A situação ficou tão desesperadora que o rei ofereceu uma recompensa para quem derrotasse o gigante.

> ...e diziam uns aos outros: Vistes aquele homem que subiu? Pois subiu para afrontar a Israel. A quem o matar, o rei o cumulará de grandes riquezas, e lhe dará por mulher a filha, e à casa de seu pai isentará de impostos em Israel. (1Sm. 17:25).

Essa era uma recompensa magnífica. Mas quem queria pagar o preço? Foi então que Davi começou a falar de um modo meio encorajador, demonstrando confiança. Aquilo era uma afronta, e não poderia ficar por isso mesmo, ainda mais com uma recompensa daquelas.

> Então, falou Davi aos homens que estavam consigo, dizendo: Que farão àquele homem que ferir a este filisteu e tirar a afronta de sobre Israel? Quem é, pois, esse incircunciso filisteu, para afrontar os exércitos do Deus vivo? E o povo lhe repetiu as mesmas palavras, dizendo: Assim farão ao homem que o ferir. (1Sm. 17:26,27).

Claro, a notícia correu, e alguém acabou falando com o rei. Davi chega e logo faz a declaração: "Não desfaleça o coração de ninguém por causa dele; teu servo irá e pelejará contra o filisteu". (1Sm.17:32). Saul olha para Davi, fazendo uma avaliação do perfil da pessoa diante dele, e dá o veredicto: "Não poderá pelejar contra ele, você é jovem inexperiente, e ele é guerreiro desde sua mocidade." (1Sm. 17:33). Na verdade, Saul via somente o natural, não sabia que tinha à sua frente um vencedor, um ungido de Deus para as batalhas. Davi faz então uma declaração da verdade de Deus sobre a vida dele:

> "Eu guardava o rebanho quando saiu um leão e arrebatou um cordeiro. Fui contra ele e o agarrei pela barba e o matei. Aí saiu um urso e fez o mesmo. Eu também o matei e livrei a ovelha da sua boca. Isso, não fiz por mim mesmo, o Senhor me livrou dos animais poderosos. Sendo assim, esse incircunciso filisteu será como um deles, pois afrontou o exército do Deus vivo." (1Sm.17:34-36).

Segundo Davi, o segredo era seu Deus, não ele mesmo.

Saul então concorda em mandar Davi contra o gigante, não sem antes tentar dar um jeitinho nas coisas, vestindo sua própria armadura em Davi. Aquela proteção, na verdade, significava mais um problema do que uma ajuda, por alguns motivos: primeiro, não era uma proteção vinda de Deus; segundo, Davi não tinha treinamento para usá-la; e, terceiro, ela não lhe pertencia, não tinha a unção de Deus. Davi então decide que vai enfrentar o gigante com as armas que eram suas, um cajado de pastor e uma funda, um tipo de estilingue sem cabo, usada para atirar pedras. Ele escolhe cinco pedras lisas do riacho e sai ao encontro de Golias. Agora imaginem essa cena: milhares de soldados de Israel, de um lado; do outro, milhares de soldados filisteus; e, no meio deles, dois contendores. De um lado, um gigante vestido de armadura com espada, escudo e lança, de outro lado, um jovem de cabelos ruivos, com uma aparência um tanto inofensiva, correndo em direção ao gigante para enfrentá-lo. Todos os soldados com os olhos fitos neles, enquanto Davi lança a pedra com sua funda. O gigante cai; Davi lança-se sobre ele, pega-lhe a espada e, com ela, corta-lhe a cabeça. Isso, sim, é manifestação de poder e autoridade. Porém nem Saul nem Abner, comandante de seu exército, sabiam quem era o jovem. (1Sm. 17:55-58).

Sabia que essa é a batalha que vivemos no nosso dia a dia? O mundo, e tudo o que há nele, querem fazer de nós escravos. No entanto a Palavra de Deus diz que fomos libertos, que somos verdadeiramente livres. Por isso, devemos exercer autoridade sobre tudo aquilo que tenta nos escravizar. Nossa autoridade tem que se tornar conhecida dos homens. Ali estava o gigante Golias afrontando dia após dia o povo de Deus, durante quarenta dias. O que aconteceu com o exército de Israel é o que, muitas vezes, acontece conosco: na medida em que o inimigo começa a nos afrontar, e não temos uma resposta para ele, o mesmo vai se tornando mais e mais ousado. O texto nos diz que o gigante não só afrontava o exército de Deus, como resolvera afrontar o próprio Deus. Entenda isso: quando o inimigo nos afronta, e não temos uma resposta, mesmo tendo autoridade espiritual sobre ele, ele acaba afrontando o nosso Deus. Não temos outra opção, a não ser o exercício da autoridade espiritual sobre tudo aquilo que confronta a nossa vida cristã. Qualquer coisa que nos afronta: doença, escassez, falta de provisão etc. Lembram-se da tentação de Jesus, quando o Espírito Santo O levou para o deserto para ser tentado pelo diabo? Uma das coisas em que Ele fora tentado dizia respeito à falta de provisão. Depois de 40 dias e noites de jejum, Ele teve fome, e o diabo disse-lhe, em outras palavras: "Deus está falhando em trazer provisão para você. Mas está escrito que você é filho de Deus, o que eu não acredito. Mas se você é, trabalhe pela sua própria provisão. Faça essas pedras se transformarem em pão". Muitos de nós estamos caindo nessa tentação, porque tendemos a trabalhar pela nossa provisão. Já a Bíblia diz "trabalhai, não pela comida que perece". (Jo. 6:27). Porque não colocamos Deus como O verdadeiro responsável pela luta, e a nós mesmos como seus instrumentos, falhamos no exercício da autoridade espiritual perante os homens, e assim Deus é envergonhado e nós também.

A terceira manifestação da autoridade de Davi perante os homens aconteceu quando, depois da grande vitória contra o gigante, ele é levado ao palácio, onde dois fatos muito importantes acontecem. Primeiro, Jônatas, que era o herdeiro do trono de Israel, identifica-se com Davi e faz algo muito significativo e profético:

> A alma de Jônatas se ligou com a de Davi; e Jônatas o amou como à sua própria alma. Jônatas e Davi fizeram aliança; porque Jônatas o amava como à sua própria alma. Despojou-se Jônatas da capa que vestia e a deu a Davi, como também a armadura, inclusive a espada, o arco e o cinto. (1Sm. 18:2-4).

Entendemos que sobre Davi já havia a unção para se assentar no trono de Israel. Porém, naquele instante, Jônatas, o herdeiro do trono, oficialmente se despoja e entrega a Davi sua capa, sua armadura, sua espada, arco e cinto. Claro que ele nem sabia o que estava fazendo, mas como era homem temente a Deus, fez isso por amor a Davi. A outra coisa é que Saul fez Davi comandante de tropas do seu exército. Entendemos que não era do exército todo, porque o general era Abner. Talvez tenha sido feito comandante de uma tropa de elite; não sabemos muita coisa sobre isso. Então, pensemos nisso: Davi, vestido e armado com os aparatos de herdeiro do trono, saía para pelejar contra os inimigos do reino, tornando-se então famoso não somente pela morte do gigante, mas também pelas constantes vitórias que alcançava contra os filisteus.

Essa terceira manifestação de autoridade perante os homens dá-se agora num contexto diferente das primeiras duas. Ela não é somente um ato, torna-se uma manifestação constante, capaz de atrair, de maneira mais permanente, as atenções para si. "Saía Davi aonde quer que Saul o enviava e se conduzia com prudência; de modo que Saul o pôs sobre tropas do seu exército, e era ele benquisto de todo o povo e até dos próprios servos de Saul." (1Sm. 18:5). Isso até que acontecesse o episódio em que as mulheres que recebiam os vitoriosos substituíssem Saul por Davi em seus corações.

> Sucedeu, porém, que, vindo Saul e seu exército, e voltando também Davi de ferir os filisteus, as mulheres de todas as cidades de Israel saíram ao encontro do rei Saul, cantando e dançando, com tambores, com júbilo e com instrumentos de música. As mulheres se alegravam e, cantando alternadamente, diziam: Saul feriu os seus milhares, porém Davi, os seus dez milhares. Então, Saul se indignou muito, pois estas palavras lhe desagradaram em extremo; e disse: Dez milhares deram elas a Davi, e a mim somente milhares; na verdade, que lhe falta, senão o reino? Daquele dia em diante, Saul não via a Davi com bons olhos. (1Sm. 18: 6-9).

Na verdade, Saul não sabia que a inspiração do canto das mulheres vinha de Deus. Ele já tinha dado o reino a Davi. O espírito maligno enviado da parte de Deus volta a se apossar de Saul. Enquanto Davi adora dedilhando sua harpa, o rei endemoninhado tenta encravá-lo na parede com sua lança. Davi se desvia e foge. Eis a afirmação da Bíblia sobre a razão da raiva de Saul: "Saul temia a Davi, porque o SENHOR era com este e se tinha retirado de Saul." (1Sm. 5:12). Desse ponto em diante, Saul afasta Davi de perto dele e o coloca à frente de uma companhia de mil soldados. Davi continua a ser vitorioso e amado pelo povo. Isso faz com que Saul passe a ter medo dele (1Sm. 18:13-15) e a persegui-lo. Primeiramente o persegue com cautela. Depois, porém, decide matá-lo, e conta a Jônatas e aos seus servos a respeito. Assim termina essa terceira manifestação da autoridade de Davi sobre os homens.

Davi então entra na sua quarta fase de manifestação da autoridade de Deus perante os homens. A Bíblia relata que, na terceira fase, Davi se conduz com prudência e por isso ganha o coração de todo Israel (1Sm. 18:5-16). Mas também, nessa fase, Davi começa a ter oposição de Saul contra ele. Essa oposição toma lugar no coração de Saul e torna-se um ódio mortal. A oposição e o confronto com o mal tinha o próposito de tratar do caráter de Davi, de ensiná-lo a não revidar e a confiar no Senhor. Na quarta fase, na qual Davi é, agora, um fugitivo, esse tratamento de caráter se intensifica. Na fase de fugitivo, Davi aprende a lição que deveria dirigir todo o resto de sua vida: Deus é seu protetor; portanto, não precisa confiar em homens. Fugindo, ele vai a Samuel e conta-lhe tudo o que Saul está tentando fazer com ele. Samuel, então, leva-o a Ramá, onde está localizada a casa dos profetas. Saul fica sabendo e vai atrás dele. Primeiro, envia um grupo para trazer Davi, pois queria matá-lo. Porém, chegando a Ramá, o Espírito Santo vem sobre eles, e começam a profetizar com Samuel e os outros profetas. Saul manda um segundo e um terceiro grupo, e acontece o mesmo: todos ficam cheios do Espírito Santo e profetizam, e não podem prender Davi. Saul chega à conclusão de que, para matar Davi, teria ele mesmo que buscá-lo. Nesse intuito, vai para Ramá.

> Então, foi para a casa dos profetas, em Ramá; e o mesmo Espírito de Deus veio sobre ele, que, caminhando, profetizava até chegar à casa dos profetas, em Ramá. Também ele despiu a sua túnica, e profetizou diante de Samuel, e, sem ela, esteve

deitado em terra todo aquele dia e toda aquela noite; pelo que se diz: Está também Saul entre os profetas? (1Sm. 19:23-24).

O tratamento de nosso caráter se intensifica à medida que chegamos perto do tempo em que o Senhor vai cumprir nosso destino de maneira mais plena. Na verdade, podemos não gostar do tratamento de caráter, todavia o princípio de Deus não muda. Veja a maneira como Ele age para tratar nosso caráter.

> "Meus irmãos, tende por motivo de toda alegria o passardes por várias provações, sabendo que a provação da vossa fé, uma vez confirmada, produz perseverança. Ora, a perseverança deve ter ação completa, para que sejais perfeitos e íntegros, em nada deficientes." (Tg. 1:3-4).

O plano de Deus não é somente manifestar nossa autoridade perante os homens, mas nos tornar perfeitos, e em nada deficientes, enquanto andamos com Ele.

Davi, então, refugia-se na caverna de Adulão. É ali que Deus começa a atrair pessoas para ficarem debaixo da sua autoridade. Os primeiros que vieram foram seu pai e irmãos: "quando ouviram isso seus irmãos e toda a casa de seu pai, desceram ali para ter com ele." (1Sm. 22:1). Logo depois, chegam umas centenas de indivíduos, que – creio – dependesse de Davi para escolhê-los, jamais o faria. "Ajuntaram-se a ele todos os homens que se achavam em aperto, e todo homem endividado, e todos os amargurados de espírito, e ele se fez chefe deles; e eram com ele uns quatrocentos homens." (1Sm. 22:2). Imagine, Davi já tinha problemas suficientes e, agora, mais esses homens endividados e amargurados. Pense no ambiente de provação que se instalou, gente reclamando constantemente, falando com rispidez, causada pela amargura. E, como se isso não bastasse, teria que alimentar todo esse bando, resolver os conflitos entre eles, dar-lhes esperança. Isso tudo enquanto tentava resolver seu próprio problema, fugindo de Saul. Da caverna, Davi vai para Moabe, onde, com o consentimento do rei, fica morando com sua família e 400 homens.

A ideia romântica de que nossa autoridade espiritual será estabelecida em meio à paz e à segurança é muito equivocada. Ali estava Davi, em Moabe, vivendo seguro e tranquilo, enquanto os homens que estavam com ele podiam vê-lo como exemplo e crescer em confiança, sendo curados de suas amarguras, vislumbrando um futuro sob a liderança de um homem ungido e que tinha um coração segundo Deus. Mas não era assim que Deus queria estabelecer sua autoridade e formar seu caráter. "Porém o profeta Gade disse a Davi: Não fiques neste lugar seguro; vai e entra na terra de Judá." (1Sm. 22:5). Saul descobre onde estão e tem uma ideia diabólica, talvez inspirada por aquele demônio de ira que o controlava. Decide descobrir, perseguir e matar quem ajudava Davi. Faz-se de vítima e acaba descobrindo, por intermédio de um edomita chamado Doegue, que Aimeleque e os sacerdotes de Nobe tinham ajudado Davi. Ainda que fossem inocentes, pois Davi havia mentido a Aimeleque, Saul destrói todos da aldeia de Aimelque, mata 85 sacerdotes, crianças, mulheres e todos os animais. Somente o sacerdote Abiatar se salva, fugindo para estar com Davi e trazendo sua estola sacerdotal. A dura realidade das consequências da mentira bate na porta de Davi: "Fui a causa da morte de todas as pessoas da casa de teu pai." (1Sm. 22:22b). É o caráter sendo formado em meio a muita angústia. Autoridade espiritual requer caráter segundo Deus.

A partir desse evento, Davi começa a consultar Deus para fazer as coisas. Foi dito a Davi: "Eis que os filisteus pelejam contra Queila e saqueiam as eiras. Consultou Davi ao SENHOR, dizendo: Irei eu e ferirei estes filisteus? Respondeu o SENHOR a Davi: Vai, e ferirás os filisteus, e livrarás Queila." (1Sm. 23:1-2). Além de aprender a consultar a Deus para guiá-lo nas suas realizações, ele também tem de aprender que deve obedecer-Lhe, mesmo quando houver opiniões diferentes. Esses dois procedimentos são indispensáveis para exercermos autoridade espiritual perante os homens. "Porém os homens de Davi lhe disseram: Temos medo aqui em Judá, quanto mais indo a Queila contra as tropas dos filisteus." (1Sm. 23:3). Davi consulta o Senhor outra vez e vai para a batalha, mesmo contra a opinião de todo o resto do povo. Os homem aprendem dele que o medo precisa ser destruído pela obediência por meio da fé em Deus. Esse comportamento se torna um estilo de vida de Davi.

Que tremenda lição: a autoridade espiritual perante os homens se estabelece por meio da dependência, da obediência e do temor a Deus. Quando entramos nesse estilo de vida, Deus nos conforta e nos anima como sinal de sua aceitação do que fazemos. "Então, se levantou Jônatas, filho de Saul, e foi para Davi, a Horesa, e lhe fortaleceu a confiança em Deus." (1Sm. 23:16). Deus não apenas fortalece nossa confiança, como também dá testemunho sobre nosso destino: "e lhe disse: Não temas, porque a mão de Saul, meu pai, não te achará; porém tu reinarás sobre Israel, e eu serei contigo o segundo, o que também Saul, meu pai, bem sabe." (1Sm. 23:17). Imagino que Jônatas não disse isso em particular a Davi, mas deve ter falado na frente de todos os seiscentos homens que estavam com ele. Isso é Deus continuamente estabelecendo nossa autoridade espiritual diante dos homens, mesmo enquanto forma nosso caráter. Ainda quando o inimigo está muito perto de nos agarrar, não poderá nos tocar porque Deus abre uma porta para que possamos escapar. Não devemos ficar ansiosos diante de circunstâncias de nenhum tipo.

> Ouvindo-o Saul, perseguiu a Davi no deserto de Maom. Saul ia de um lado do monte, e Davi e os seus homens, do outro; apressou-se Davi em fugir para escapar de Saul; porém este e os seus homens cercaram Davi e os seus homens para os prender. Então, veio um mensageiro a Saul, dizendo: Apressa-te e vem, porque os filisteus invadiram a terra. Pelo que Saul desistiu de perseguir a Davi e se foi contra os filisteus. (1Sm. 23:25b a 28).

A quinta fase do exercício de nossa autoridade espiritual perante os homens é a do temor ao Senhor. Autoridade sem temor ao Senhor acaba em despotismo, em ditadura, ao belprazer do ditador. Em sua perseguição, Davi acaba indo para as montanhas, onde entra numa caverna com seus homens. Saul, com três mil de seus melhores homens, vai ao seu encalço. Cansado, ele entra na caverna onde estão Davi e seus homens no mais interior dela. Os homens de Davi lhe dizem:

> Hoje, o Senhor entregou o teu inimigo em tuas mãos. De agora em diante, Saul é passado. Vá até lá e acabe com ele. Davi, então, furtivamente, vai aonde Saul está e corta um pedaço de suas vestes. Porém seu coração segundo Deus bate forte, com convicção de pecado, e ele não mata Saul, nem permite que seus homens o façam. "O SENHOR me guarde de que eu faça tal coisa ao meu senhor, isto é, que eu estenda a mão contra ele, pois é o ungido do SENHOR. Com estas palavras, Davi conteve os seus homens e não lhes permitiu que se levantassem contra Saul." (1Sm. 24:6-7).

Que lição de temor ao Senhor! Que tremendo ensino para seus homens!

Quando Saul sai da caverna, Davi fala com ele, tentando dissuadi-lo de seus intentos assassinos. Mostra-lhe o pedaço da orla de suas vestes e declara sua inocência perante o rei. Saul chora em voz alta e faz a declaração de rendição perante Davi. Quando temamos ao Senhor, quando o colocamos acima de nossa própria causa, Deus torna aquilo que era contra nós em bênção. Agora, da própria boca de Saul, saiu a declaração de reconhecimento de que Davi era o rei. Imagine que maravilha: Saul disse isso na presença dos seus três mil soldados mais treinados para a batalha e dos seiscentos homens de Davi! Inclusive, fez este jurar que não exterminaria sua descendência. Pode crer que as palavras da boca de Saul foram colocadas lá por Deus. Isso é autoridade perante os homens. Essa autoridade vem do nosso próprio Deus. Davi experimentou isso; e nós devemos experimentar também. Leia o texto abaixo com muita atenção.

> Disse a Davi: Mais justo és do que eu; pois tu me recompensaste com bem, e eu te paguei com mal. Mostraste, hoje, que me fizeste bem; pois o SENHOR me havia posto em tuas mãos, e tu me não mataste. Porque quem há que, encontrando o inimigo, o deixa ir por bom caminho? O SENHOR, pois, te pague com bem, pelo que, hoje, me fizeste. Agora, pois, tenho certeza de que serás rei e de que o reino de Israel há de ser firme na tua mão. Portanto, jura-me pelo SENHOR que não eliminarás a minha descendência, nem desfarás o meu nome da casa de meu pai. Então, jurou Davi a Saul, e este se foi para sua casa; porém Davi e os seus homens subiram ao lugar seguro. (1Sm. 24:17-22).

Essa postura de temor ao Senhor que Davi teve precisa se tornar em nós um hábito, da mesma forma que se tornou para Davi. Novamente, denunciaram onde Davi estava, e, apesar de sua promessa e tudo o que dissera antes, Saul saiu em perseguição dele. Davi vai até o acompamento de Saul acompanhado de Abisai e o encontra dormindo.

> "Então, disse Abisai a Davi: Deus te entregou, hoje, nas mãos o teu inimigo; deixa-me, pois, agora, encravá-lo com a lança, ao chão, de um só golpe; não será preciso segundo. Davi, porém, respondeu a Abisai: Não o mates, pois quem haverá que estenda a mão contra o ungido do SENHOR e fique inocente?" (1Sm. 26:8,9).

Davi pega a lança e o cantil de água de Saul e, retirando-se a uma distância segura, repete a mesma declaração que já havia feito antes: o Senhor te colocou nas minhas mãos, mas eu não quis matá-lo. (1Sm. 26:23). Porém, dessa vez, Davi incluiu em sua fala um pedido de justiça e juízo a Deus: "Pague, porém, o SENHOR a cada um a sua justiça e a sua lealdade". (1Sm. 26:23).

A sexta fase da autoridade de Deus demonstrada por Davi perante os homens é a experiência pela qual passou, quando foi morar na terra dos filisteus. Ele vai habitar lá pela segunda vez, mas, agora, sem medo. Quando esteve com Aquis, o rei de Gate, pela primeira vez, ele teve que se fazer de louco, vertendo baba, até que esta escorresse pela barba, deixar crescer o cabelo e viver pelas portas. Mas agora ele volta para lá diferente: um homem adulto, experimentado e que aprendeu vários princípios de Deus. E sabe o que acontece? Por algum tempo, ele vai morar na capital com o rei Aquis. Depois, porém, diz: – Não é bom eu morar na capital junto contigo, dá-me um lugar para mim e os meus homens habitarmos. Assim, ele ganhou sua primeira cidade. Antes de possuir um reino todo, cheio de cidades, primeiro temos que ganhar uma cidade. Aquis, então, falou para Davi:
– Eu, então, vou te dar a cidade de Ziclague, como tua propriedade, para sempre. Essa cidade ficou sendo parte do reino de Israel por toda a vida.

Deus começa a tirar da mão do inimigo aquilo que é de Davi e da sua descendência. Ele ganhou a cidade de Ziclague sem guerra, porque chegou um ponto em que Deus estava liberando as bênçãos para a vida dele. Depois disso, Davi começou a possuir o despojo dos inimigos; o que até então não fizera. Diz a Bíblia que ele, com os seus homens e atacavam os gesuritas, os gersitas e os amalequitas; porque eram estes os moradores da terra desde Telã, na direção de Sur, até à terra do Egito. Davi feria aquela terra, e não deixava com vida nem homem nem mulher. Tomava as ovelhas, e os bois, e os jumentos, e os camelos, e as vestes. (1Sm. 27:8,9).

Chegará a hora em que Deus vai querer que comecemos a entrar na área dominada pelo inimigo e possuir os despojos que Ele tem para nós. Se não fizermos como Davi, nos levantarmos para possuir o que é nosso, não teremos nada, porque os nossos despojos estão na mão do inimigo, e Deus quer colocar todos os inimigos debaixo de nossos pés. (Ef. 1:21-23). Quando nossa fé entrar em ação, Deus começará a nos abençoar tremendamente. Porém uma coisa é certa: não podemos guerrear e tomar os despojos do povo de Deus, porque é nosso povo. Davi enfrentava um problema sério, tomaria parte numa batalha em que Saul morreria. Davi estava com o exército que iria matá-lo e tomar os despojos dele. Então todo seu povo ficaria sabendo que ele tinha tomado parte da morte de Saul e de seus compatriotas. Como iria reinar sobre eles depois? Sua herança não poderia chegar às suas mãos dessa maneira. Deus, então, faz uma intervenção, e não permite que ele vá lutar na batalha.

Eu lembro que, quando me converti, queria logo entrar na posse da minha herança. Eu orava constantemente para isso, sem nenhuma resposta. Separava tempo para jejum e oração, e clamava, dizendo: Senhor, que negócio é esse? Não consigo progredir, parece que minha vida está amarrada, parece que não acontece nada. Porém eu sei que o Senhor tem uma herança para mim, mas como eu fui tão pecador, talvez o Senhor não queira liberar nada para mim. Afinal de contas, quem sou eu? Mais uma vez, separei uma semana de jejum e oração em um lugar bem tranquilo, onde nada me tirava a atenção. A semana passou, e não ouvi nada; Deus não falou comigo.

Na semana seguinte, eu estava na casa do futuro sogro; nem era casado ainda, mas ia almoçar todo dia na casa da Nice. Quando não estava trabalhando, chegava na hora do café da manhã e saía de lá depois do jantar. Ficava o dia todo na sala orando, ouvindo as músicas de adoração da época (mais de quarenta anos atrás) e lendo os livros da biblioteca do meu sogro. Adoro ler, e li todos os livros da biblioteca. Lembro que li, várias vezes, dois livros: *Torturados por su Fé* (em espanhol), e outro *Torturados por Amor a Cristo*. Lia esses livros chorando e desejando viver as experiências que esses homens viveram. Lembro que, algumas vezes, meu sogro vinha na sala e me via de joelhos lendo e chorando. Meu sogro era muito sábio e entendia perfeitamente o que estava acontecendo comigo. Nunca disse, mas acho que gostava que eu estivesse lá. Na verdade, hoje entendo que não gostava de ficar naquela casa somente por causa da garota que eu amava; ali havia uma atmosfera espiritual que eu não entendia na época, mas conseguia entrar nela. Isso me atraía. Claro, a garota também.

Naquela semana, depois do meu retiro de jejum e oração, no qual não consegui ouvir a Deus sobre minha herança, estava seguindo a costumeira rotina espiritual que meu futuro sogro tinha para sua casa, que era tirar um versículo da caixinha de promessas e ler antes de orar. Aconteceu algo que eu queria, mas da qual já estava quase desistindo. Deus falou comigo sobre minha herança. A promessa que tirei era: "A posse antecipada de uma herança no fim não será abençoada." (Pv. 20:21). Quando li, meu corpo todo ficou como em chamas, todo arrepiado; Deus estava falando comigo. Entendi claramente o que Ele queria me dizer: "Se Eu te der tua herança agora, no final você não conseguirá aproveitá-la". Veio à minha mente um caso de um pessoal rico, cujo pai havia falecido e tinha deixado uma herança muito grande. Em poucos anos, os filhos desperdiçaram quase tudo. E, aí, já não tinham muita coisa, estavam pobres. Na mesma hora, fiz uma oração silenciosa, talvez a mais importante de minha vida. Eu disse: "Senhor, segura a minha herança. Por favor, mantenha-a em tuas mãos; não me entregues enquanto eu não estiver pronto para desfrutá-la". Na verdade, não tinha muita consciência da oração que estava fazendo, não sabia que ia demorar tanto para recebê-la. Isso foi há mais de quarenta anos, e somente agora estou começando a possuir minha herança.

Agora está bem claro para mim porque Davi foi ungido mais ou menos aos seus dezessete anos, mas só se assentou no trono próximo dos trinta anos. O mesmo aconteceu com José, que sonhou também aí pelos dezessete, sentando-se no trono do Egito por volta dos trinta anos de idade. Às vezes, nós queremos as coisas antes da hora, porém, se Deus nos der, sem que estejamos preparados, vamos desperdiçar como Saul o fez. Já pensou se Deus tivesse feito o trabalho de caráter no Saul igual que fez no Davi? Teria sido diferente a história, mas Ele não fez, porque o Saul não tinha um coração segundo Deus e

Davi o tinha. Não somente Deus tem o tempo certo, também tem o modo certo para nos colocar em nossa herança.

    Eu termino este capítulo dizendo isso para você: o Senhor quer estabelecer-lhe em uma vida de autoridade perante os homens. Ele segue esses princípios: nosso caráter é formado através dos nossos relacionamentos, primeiro com Deus, que requer obediência; segundo com o nosso próximo, que requer lealdade, fidelidade, aliança; e, por último, com o nosso inimigo, que requer temor a Deus. É dessa maneira que nos alinhamos em direção ao nosso destino e da posse da nossa herança. Em nome do Senhor Jesus, é assim que a gente constrói o caminho para nosso destino. E eu concluo com esta pergunta: você está construindo o caminho para seu destino?

CAPÍTULO VIII
A proteção de Deus sobre nossa vida

Nós temos visto algumas lições que Davi aprendeu enquanto Deus trabalhava em sua vida. Essas lições são princípios que nunca deixam de existir. Se aprendermos esses princípios, podemos sair da obscuridade, deixaremos de ser alguém que é quase ninguém para sentarmos no trono. Deus fez isso com Davi, e esse é o propósito de Deus para a sua vida. Quando falamos sair da obscuridade para sentar no trono, queremos dizer o que as pessoas chamam de "se encontrar", que é o mesmo que descobrir seu destino, descobrir o propósito de sua vida, realizar-se e ser feliz fazendo aquilo que é vontade de Deus e que preenche seu coração. Claro, não falamos de um trono no sentido da palavra, mas de um estado em que respondemos afirmativamente e com confiança às perguntas: "de onde vim?", "porque existo?", "para onde vou?".

Neste capítulo, falaremos da proteção de que necessitamos sobre nossas vidas para podermos ter sucesso. A história de Davi é repleta da proteção de Deus. Entretanto a proteção de Deus requer que nos movamos pela fé. Às vezes, temos coração, temos unção, mas falta tomarmos iniciativa, falta sairmos do lugar comum. Isso faz com que a nossa fé se torne fé sem obras.

Deus começa a levantar-nos, quando tomamos iniciativas. Quando tomamos iniciativas de um adorador, Deus começa a nos levantar para expulsar demônios, como levantou Davi. Começa a nos levantar perante os homens. E sabe o que acontece? Coisas se realizam em nossas vidas. São oportunidades por meio das quais Deus nos faz conhecidos perante os homens. Muitas vezes, essas oportunidades vêm na forma de gigantes desafiadores. Para Davi, Golias foi o degrau para outro nível da vida dele; Golias foi sua promoção. Deus quer fazer conosco o que está escrito na Bíblia: o caminho do justo é como a luz da aurora, vai subindo mais e mais até ser o dia perfeito. (Pv. 4:18).

Na medida em que vamos nos movendo pela fé, a proteção de Deus vai se estabelecendo sobre nós, porque os Sauls e os Golias da vida se levantam contra o plano que o criador arquitetou para nós. Necessitamos de proteção porque a vida vai ficando mais complexa. Eu lembro que quando conheci a Jesus era tudo tão simples, eu saía com o meu bolso cheio de folhetos, orando e distribuindo-os, pedindo que Deus falasse comigo, que colocasse na minha frente quem tinha que receber sua Palavra. Eu orava ao Senhor, lia a Palavra, parecendo que ela tinha sido escrita como resposta ao que eu necessitava. Mas, depois, a minha vida foi ficando mais complicada. Então eu comecei a ler a Palavra, e Deus não falava mais comigo através de versículos. Fiquei tão desesperado, quando isso começou a acontecer, que um dia perguntei: "O que é isso Deus, o Senhor falava comigo e agora não fala mais?" Sabe qual foi a resposta que ouvi dEle? "É que você já cresceu. Antes, eu o tratava como criança; agora você tem que pensar como a minha mente. Você está crescendo, não posso continuar tratando você como criança".

Vamos amadurecendo espiritualmente, e chega um tempo em que, realmente, temos que contar com a proteção de Deus, não a proteção normal, porque todos nós temos uma certa proteção. Se não fosse a proteção de Deus sobre a nossa vida, o diabo já teria nos tragado. Para entender melhor essa proteção, pensemos em Judas, o traidor. Ele foi um dos discípulos, andou três anos com Jesus, esteve na tempestade com Ele, e distribuiu o pão na multiplicação. Pense nisso: a multiplicação aconteceu enquanto os discípulos distribuíam o pão e os peixes, isto é, aconteceu através das mãos dele, das mãos de Judas. Ele ouviu tudo o que os outros ouviram. Por três anos, ele andou com Jesus. E o que aconteceu? A Bíblia assim finaliza o relato: na última ceia, Jesus afirmou: – Tem alguém que vai me trair. João perguntou: – Quem? Jesus respondeu: – Aquele a quem eu der o pão molhado. Sabe por que nós comemos o pão separado do vinho? Porque, na morte, o sangue se separa do corpo, todo ele para o coração; o morto fica branco, "cadavérico".

Segundo a Bíblia, a única pessoa que comeu o pão molhado na Santa Ceia foi Judas. Isso queria dizer que ele não tinha participado da morte e da ressurreição de Jesus, não tinha nascido de novo. A Bíblia diz, ainda, que quando Jesus entregou o pão molhado a Judas, imediatamente Satanás entrou nele. Sabe o ele que fez? Levou Judas a trair Jesus. A traição culminou no suicídio de Judas. Agora a minha pergunta é: você acha que aquele demônio não queria ter entrado em Judas, muito antes? Claro que sim! Sabe por que ele não entrou? Porque Jesus não deixou. Quando Jeus lhe deu o pão molhado, a proteção divina foi retirada dele, e aquele demônio entrou.

Pode ter certeza que aquele não era o destino de Judas. Ele não tinha sido presdestinado para isso; ele escolheu ser o traidor e, depois que se encheu a medida de sua iniquidade, o demônio tomou conta dele, o qual não teve mais chance. Se não existisse outra opção para Judas, a não ser trair Jesus, não haveria justiça. E esta é um atributo do caráter de Deus. Judas se tornou traidor pela sua própria decisão. Então, há uma proteção de Deus sobre nós, para entrarmos em nosso destino. E a razão dessa proteção é porque estamos em guerra espiritual.

> Revesti-vos de toda a armadura de Deus, para poderdes ficar firmes contra as ciladas do diabo; porque a nossa luta não é contra o sangue e a carne, e, sim, contra os principados e potestados, contra os dominadores deste mundo tenebroso, contra as forças espirituais do mal, nas regiões celestes. (Ef. 6:11,12).

Precisamos exercer o governo porque estamos aqui representando Jesus. Os nossos pés são os pés de Jesus, nossas mãos são as mãos de Jesus, nossos olhos e nossa boca são de Jesus. Jesus disse que Ele é a cabeça, e nós somos o seu corpo.

Desse modo, não é uma opção reinarmos nessa terra, temos que exercer a autoridade de Deus. Por isso, precisamos de proteção.

> Portanto, tomai toda a armadura de Deus, para que possais resistir no dia mau e, depois de terdes vencido tudo, permanecer inabaláveis. Estai, pois, firmes, cingindo-vos com a verdade e vestindo-vos da couraça da justiça. Calçai os pés com a preparação do evangelho da paz; embraçando sempre o escudo da fé, com o qual podereis apagar todos os dardos inflamados do Maligno. Tomai também o capacete da salvação e a espada do Espírito, que é a palavra de Deus; com toda oração e súplica, orando em todo tempo no Espírito e para isto vigiando com toda perseverança e súplica por todos os santos. (Ef. 6:13-18).

Deus vai levantar uma proteção sobre nós, sobre a nossa cabeça. Ele usa quem tem aliança conosco para nos proteger; essa é a primeira proteção que Deus vai usar em nossa vida. No livro 1 Samuel (19:1-24), Jônatas falava a Davi do próprio pai. E ele falou: "Meu pai quer te matar". Deus ergue pessoas que vão nos amar mais do que os seus próprios pais, do que as suas mães, do que as circunstâncias. Veja que coisa importante: a primeira pessoa que Deus vai usar para nos proteger são aquelas com quem temos aliança, pessoas que estão no mesmo espírito conosco, que estão no mesmo caminho, andando conosco. Por isso, a Igreja, o corpo, é importante. Um tempo atrás, Deus falou comigo, quando eu via um programa no canal National Geographic. Era um programa sobre a África e mostrava a maneira como os leões caçavam, e como as presas se defendiam, quando atacadas. Todos corriam, exceto um tipo de animal: os búfalos. Quando os leões ameaçacam, eles não corriam. Eles formavam um círculo e punham, no seu interior, todos os filhotes, os mais fracos. Deus falou comigo dizendo: – Está vendo o que é o corpo? É proteção. Está vendo porque precisa do corpo?

Continuei observando: quando os leões vinham, os búfalos, com aqueles chifres enormes, não tinham medo. E, enquanto permaneceiam naquela formação, todos eles estavam em segurança.

Então Deus levanta segurança para nós. Ela está no meio do corpo, está naquele nosso amigo que tem uma aliança conosco, está naquelas pessoas que têm o mesmo espírito que nós, que tem o mesmo objetivo, que estão aí para ajudar a cumprir a vontade de Deus em nossa vida. Quando Deus protege a nossa vida, Ele protege o seu propósito. Em outros termos, Deus protege as suas palavras declaradas sobre nós ainda na eternidade, porque o propósito de Deus, que está dentro de nós, vem por intermédio da Palavra. Deus vela sobre a Sua Palavra para cumprir! Não precisamos ter medo, há uma proteção sobre nós, desde que estejamos no centro da Sua vontade. Por isso, Davi diz, no Salmo 91 (7): "caiam mil à minha direita, dez mil à minha esquerda, eu não serei abalado, não temerei".

Deus nem espera que você peça por Sua proteção, ela vem no pacote. Quando entramos no propósito, estamos sob a proteção dEle. Quando Deus disse a Israel "sai da terra do Egito, eu vou levar vocês para uma terra de onde emanam leite e mel, a terra da promessa", sabe o que fazia parte do pacote? A proteção. Lá vem o faraó atrás com um exército enorme, e Deus levanta uma barreira de fogo. Existe também um mar na frente, e este se abre. Quando eles passam, e o exército do faraó entra, o mar se fecha. Aí, entram no deserto, com o sol de torrar o cérebro durante o dia. A proteção era parte do pacote, havia uma nuvem sobre eles durante o dia. À noite, no deserto, a temperatura cai abaixo de zero grau. Deus punha uma coluna de fogo para esquentar o local. Dá para entender? A proteção de Deus é parte do pacote; não devemos nos preocupar. A única preocupação que devemos ter é a de estar no centro da vontade de Deus. Para clarificar melhor o problema da proteção, devemos entender isso: nossa proteção está incluída no cuidado de Deus, para que o propósito dEle em nossa vida se cumpra. Porém, se saímos de Seu propósito, ficamos por nossa própria conta. Um exemplo é o da nuvem, ela estava sobre o povo;

quando ela parava, o povo deveria parar; quando ela se movimentava, o povo deveria também se movimentar. Vamos supor que a nuvem parasse, mas alguém decidisse chegar logo à terra e continuasse andando. Teria saído debaixo da proteção, e seria castigado pelo sol. Saímos da proteção sempre que decidimos governar nossa vida e fazer o que achamos melhor.

Proteção vem no pacote, mas precisamos entrar debaixo dela. Aqui vão alguns princípios bíblicos por meio dos quais a proteção se manifesta sobre quem os aplica em sua vida. **O primeiro princípio é o da consagração de nossas vidas a Deus.** Esse princípio é tão importante que funciona como um fundamento para tudo o mais que vamos fazer em nossas vidas. A consagração é a resposta humana para os propósitos de Deus pertinentes às nossas vidas. É o uso de nossa liberdade de escolha, aquilo que nos caracteriza como pessoas. Foi nesse exercício de livre escolha que Adão e Eva decidiram ouvir o conselho do Diabo e deixar de lado o conselho de Deus. A Bíblia diz que Deus criou um jardim, onde colocou o primeiro casal. Nesse mesmo jardim, havia duas árvores: a árvore da vida e a árvore do conhecimento do bem e do mal. (Gn. 2:7-9). Ao homem, "o SENHOR Deus lhe deu esta ordem: De toda árvore do jardim comerás livremente, mas da árvore do conhecimento do bem e do mal não comerás; porque, no dia em que dela comeres, certamente morrerás." (Gn. 2:16,17). Essa foi a instrução de Deus para Adão. A do Diabo, contudo, foi na direção contrária: "Então, a serpente disse à mulher: É certo que não morrereis. Porque Deus sabe que no dia em que dele comerdes se vos abrirão os olhos e, como Deus, sereis conhecedores do bem e do mal." (Gn. 3:4,5). Nesse cenário, Adão e Eva deveriam decidir pela consagração a Deus ou ao Diabo. Infelizmente, decidiram-se pela consagração ao Diabo. Foi aí, então, que ganharam a natureza do pecado.

Esse princípio da consagração se expande por toda a Bíblia. Por exemplo, Samuel somente foi um grande homem de Deus porque sua mãe o consagrou a Deus, mesmo antes de sua existência:

> "...levantou-se Ana, e, com amargura de alma, orou ao SENHOR, e chorou abundantemente. E fez um voto, dizendo: SENHOR dos Exércitos, se benignamente atentares para a aflição da tua serva, e de mim te lembrares, e da tua serva te não esqueceres, e lhe deres um filho varão, ao SENHOR o darei por todos os dias da sua vida, e sobre a sua cabeça não passará navalha." (1Sm. 1:10,11).

Na sua consagração ao Senhor, Ana não objetivava apenas obter benefícios de Deus, porque ela cumprira tudo o que havia prometido ao Senhor. Quando desmamou o menino, levou-o para viver no templo com o sacerdote Eli. Este foi um mau educador de seus filhos, conforme se lê no capítulo 2 de 1 Samuel. Apesar disso, Samuel nunca se desviou do caminho do Senhor.

> Por este menino orava eu; e o SENHOR me concedeu a petição que eu lhe fizera. Pelo que também o trago como devolvido ao SENHOR, por todos os dias que viver; pois do SENHOR o pedi. E eles adoraram ali o SENHOR. (1Sm. 2:27,28).

Outro caso bem conhecido é o de Daniel. Levado cativo pelo rei Nabucodonosor para a Babilônia, foi viver no palácio real, ficando incumbido de ensinar ao rei a cultura e a língua dos hebreus. O rei queria que ele desfrutasse do melhor tratamento e cuidado, vindo ele a comer das finas iguarias da mesa do rei. Daniel analisou todo aquele estilo de vida e decidiu que, como servo de Deus, não poderia participar dele.

> Resolveu Daniel, firmemente, não contaminar-se com as finas iguarias do rei, nem com o vinho que ele bebia; então, pediu ao chefe dos eunucos que lhe permitisse não contaminar-se. Ora, Deus concedeu a Daniel misericórdia e compreensão da parte do chefe dos eunucos. (Dn. 1:8,9).

Leia a história de Daniel e seus amigos, e verá que essa consagração abriu a porta para se tornarem quem foram no futuro. "Ora, a estes quatro jovens Deus deu o conhecimento e a inteligência em toda cultura e sabedoria; mas a Daniel deu inteligência de todas as visões e sonhos." (Dn. 1:17).

O segundo princípio é o da submissão. Jesus ensinou esse princípio quando disse que ninguém pode servir a dois senhores ao mesmo tempo, porque ou irá agradar um e desagradar outro, ou vice-versa. Jesus aplica esse princípio em relação a Deus e ao dinheiro, mas ele é aplicável a qualquer situação que demande nossa fidelidade. "Ninguém pode servir a dois senhores; porque ou há de aborrecer-se de um e amar ao outro, ou se devotará a um e desprezará ao outro. Não podeis servir a Deus e às riquezas." (Mt. 6:24). Não é possível ter a Jesus como Senhor sem submissão, ainda que, muitas vezes, tentemos viver assim em determinadas áreas de nossas vidas. Esse é um princípio inegociável, mesmo que a nossa vida esteja em risco. Lembre-se dos amigos de Daniel que, por causa de sua submissão a Deus, foram lançados numa fornalha. Submissão é um princípio tão radical que, quando o aplicamos em qualquer situação, Jesus entra conosco na situação. Veja também o caso de Daniel na cova dos leões. A Bíblia diz: – Submetei-vos a Deus, resisti ao Diabo, e ele fugirá de vós. (Tg. 4:7). O próprio Jesus viveu plenamente conforme esse princípio.

> Tende em vós o mesmo sentimento que houve também em Cristo Jesus, considerando que ele, subsistindo em forma de Deus, não julgou como usurpação o ser igual a Deus. Antes, a si mesmo se esvaziou, assumindo a forma de servo, tornando-se semelhança dos homens. Reconhecido em figura humana, a si mesmo se humilhou, tornando-se obediente até a morte na cruz. Por essa razão, Deus o exaltou, sobremaneira, dando-lhe o nome que está acima de todo e qualquer outro nome, para que, diante de Jesus, dobre-se todo joelho, nos céus, na terra e debaixo dela. Assim, pois, toda língua confesse que Jesus Cristo é o Senhor, para a glória de Deus Pai. (Fl. 2:5-11).

O terceiro princípio é o da oração. Quando os inimigos de Daniel quiseram conceber um plano contra ele, não puderam encontrar nenhuma falha no seu caráter. Observando sua rotina diária, comprovaram que Daniel era um homem de oração. Nesse sentido, ele separava um tempo para orar e estar a sós com Deus, três vezes ao longo do dia. A oração é o princípio pelo qual estabelecemos relacionamento com Deus. Fomos criados para isso, porém perdemos essa condição por causa do pecado. Oração é um princípio tão importante que Jesus foi orar no jardim do Getsemani, antes de ser preso, condenado e morto. Segundo a Bíblia, devemos "orar sem cessar." (1Ts. 5:17).

Jesus contou uma parábola sobre o dever de orar sempre sem esmorecer, dizendo que havia um juiz que não respeitava ninguém, porém uma viúva pedia proteção da lei para que sua causa fosse resolvida. Ela não desistia de clamar. Então o juiz julgou a causa dela para, assim, livrar-se de sua insistência. Esta é a lição ensinada por Jesus: "Então, disse o Senhor: Considerai no que diz este juiz iníquo. Não fará Deus justiça aos seus escolhidos, que a ele clamam dia e noite, embora pareça demorado em defendê-los?" (Lc. 18:6,7). Considere também o que aconteceu ao rei Ezequias, quando se levantou um exército muito numeroso para guerrear contra ele. Ele e todo o povo se juntaram para clamar proteção ao Senhor.

> Ah! Nosso Deus, acaso, não executarás tu o teu julgamento contra eles? Porque em nós não há força para resistirmos a essa grande multidão que vem contra nós, e não sabemos nós o que fazer; porém os nossos olhos estão postos em ti. Toda a Judá estava em pé diante do SENHOR, como também as suas crianças, as suas mulheres e os seus filhos. (2Cr. 20:12,13).

Deus respondeu de maneira maravilhosa, demonstrando o que Ele faz para proteger seu povo: "Dai ouvidos, todo o Judá e vós, moradores de Jerusalém, e tu, ó rei Josafá, ao que vos diz o SENHOR. Não temais, nem vos assusteis por causa desta grande multidão, pois a peleja não é vossa, mas de Deus." (2Cr. 20:15).

Existem ainda vários outros princípios que resultam na proteção de nossas vidas. Como exemplo, citamos a vida de Jó, que, segundo a Bíblia, era um homem que se desviava do mal. Nele, encontramos **o princípio da integridade, o princípio da retidão e o princípio do temor a Deus.** "Havia um homem na terra de Uz, cujo nome era Jó; homem íntegro e reto, temente a Deus e que se desviava do mal." (Jó 1:1). Quando alguém vive segundo esses princípios, não pode ser tocado pelo Diabo ou por qualquer outra coisa sem expressa permissão de Deus.

> Num dia em que os filhos de Deus vieram apresentar-se perante o SENHOR, veio também Satanás entre eles. Então, perguntou o SENHOR a Satanás: Donde vens? Satanás respondeu ao SENHOR e disse: De rodear a terra e passear por ela. Perguntou ainda o SENHOR a Satanás: Observaste o meu servo Jó? Porque ninguém há na terra semelhante a ele, homem íntegro e reto, temente a Deus e que se desvia do mal. Então, respondeu Satanás ao SENHOR: Porventura, Jó debalde teme a Deus? Acaso, não o cercaste com sebe, a ele, a sua casa e a tudo quanto tem? A obra de suas mãos abençoaste, e os seus bens se multiplicaram na terra. Estende, porém, a mão, e toca-lhe em tudo quanto tem, e verás se não blasfema contra ti na tua face. Disse o SENHOR a Satanás: Eis que tudo quanto ele tem está em teu poder; somente contra ele não estendas a mão. (Jó 1:6- 12).

O final da história, ainda que seja de sofrimento, é glorioso. Resulta em conhecimento de Deus num nível inimaginável, segundo a própria declaração de Jó: "Eu te conhecia só de ouvir, mas agora os meus olhos te veem." (Jó 42:5); resulta em Deus estabelecendo justiça e honra perante os que o julgaram sem saber das coisas:

> "A minha ira se acendeu contra ti e contra os teus dois amigos; porque não dissestes de mim o que era reto, como o meu servo Jó. Tomai, pois, sete novilhos e sete carneiros, e ide ao meu servo Jó, e oferecei holocaustos por vós. O meu servo Jó orará

> por vós; porque dele aceitarei a intercessão, para que eu não vos trate segundo a vossa loucura; porque vós não dissestes de mim o que era reto, como o meu servo Jó." (Jó 42:7,8);

E resulta, também, em restauração material, familiar e social:

> Mudou o SENHOR a sorte de Jó, quando este orava pelos seus amigos; e o SENHOR deu-lhe o dobro de tudo o que antes possuíra. Então, vieram a ele todos os seus irmãos, e todas as suas irmãs, e todos quantos dantes o conheceram, e comeram com ele em sua casa, e se condoeram dele, e o consolaram de todo o mal que o SENHOR lhe havia enviado; cada um lhe deu dinheiro e um anel de ouro. Assim, abençoou o SENHOR o último estado de Jó mais do que o primeiro; porque veio a ter catorze mil ovelhas, seis mil camelos, mil juntas de bois e mil jumentas. Também teve outros sete filhos e três filhas. Chamou o nome da primeira Jemima, o da outra, Quezia, e o da terceira, Quéren-Hapuque. Em toda aquela terra não se acharam mulheres tão formosas como as filhas de Jó; e seu pai lhes deu herança entre seus irmãos. (Jó 42: 11-15).

O quarto princípio é o da integridade. Esse princípio faz com que sejamos a mesma pessoa, na frente da multidão ou enquanto estivermos nos bastidores. Precisamos tomar muito cuidado para não nos conformarmos com opiniões ou situações que querem determinar quem somos. Isso tem poder de corromper a integridade. A integridade fornece bases para a construção de nosso caráter, quando entramos no processo de transformação pela Palavra de Deus.

> Rogo-vos, pois, irmãos, pelas misericórdias de Deus, que apresenteis o vosso corpo por sacrifício vivo, santo e agradável a Deus, que é o vosso culto racional. E não vos conformeis com este século, mas transformai-vos pela renovação da vossa mente, para que experimenteis qual seja a boa, agradável e perfeita vontade. (Rm. 12:1,2).

A integridade produz a honestidade, que nos torna confiáveis. Segundo Salmos (25:21), isso nos preserva. Davi escreve (Salmo 15) que a integridade é uma das coisas que nos habilitam a habitar no tabernáculo do Senhor e a morar no Seu santo monte. Provérbios (11:3) afirma que "a integridade dos justos os guia", significando que as decisões do íntegro direcionam sua vida; e isso satisfaz ao Senhor. (1Cr. 29:17). A integridade influencia os filhos de quem a tem. Ela é inspiradora, e as pessoas que estão ao nosso redor são impactadas por ela. (Pv. 20:7).

O quinto princípio é o do temor ao Senhor. A primeira coisa que temos que entender é que o temor – que a Bíblia enfatiza que devemos ter – não significa medo. Significa reverência, devoção, obediência. O temor ao Senhor é o princípio da sabedoria e nos conduz a um relacionamento com Deus, no qual Ele nos protege e abençoa. O caso das parteiras hebreias, no tempo do nascimento de Moisés, é uma excelente demonstração de temor a Deus. O faraó ordenou que elas matassem todo bebê do sexo masculino que nascesse, mas as parteiras temeram a Deus e não obedeceram ao faraó. (Ex. 1:17). A Bíblia registra que "Deus fez bem às parteiras; e o povo aumentou e se tornou muito forte. E, porque as parteiras temeram a Deus, ele lhes constituiu família." (Ex. 1:20,21).

Em Romanos (3:18), Paulo ensina que um dos pecados que nos separam de Deus é justamente a falta de temor: "Não há temor de Deus diante de seus olhos". O ensino da Bíblia é que nossa santidade é aperfeiçoada no temor do Senhor. Tendo, pois, ó amados, tais promessas, purifiquemo-nos, evitando toda impureza, tanto da carne como do espírito, aperfeiçoando a nossa santidade no temor de Deus. (2Co. 7:1). O temor agrada ao Senhor, conforme Salmos (147:11), e os que o temem, de maneira constante, serão felizes. (Pv. 28:14). O temor ao Senhor traz bênçãos temporais e eternas.

A proteção de Deus sobre nós como seus filhos é garantida e funcional. Veja estas palavras ditas a Israel, segundo Isaías (44:8-10):

Mas tu, ó Israel, servo meu, tu, Jacó, a quem elegi, descendente de Abraão, meu amigo, tu, a quem tomei das extremidades da terra, e chamei dos seus cantos mais remotos, e a quem disse: Tu és o meu servo, eu te escolhi e não te rejeitei, não temas, porque eu sou contigo; não te assombres, porque eu sou o teu Deus; eu te fortaleço, e te ajudo, e te sustento com a minha destra fiel.

Finalizando este capítulo, queremos dizer que, na maioria das vezes, queremos ver a proteção de Deus da maneira que nos agrada. Ele, porém, é quem sabe a melhor maneira de nos proteger. Algumas vezes Deus nos protege dando paz e força em meio às tribulações, porém, como filhos salvos por Jesus temos uma nova vida coberta pela proteção de Deus. Como nos diz Paulo, em Romanos (8:35), nada pode nos separar do Seu amor.

Deus espera que assumamos a posição de crermos em Sua proteção baseados em Sua Palavra. Veja como Moisés encorajou o povo de Deus com respeito aos seus adversários: "Sede fortes e corajosos, não temais, nem vos atemorizeis diante deles, porque o SENHOR, vosso Deus, é quem vai convosco; não vos deixará, nem vos desamparará." (Dt. 31:6). Essa proteção é baseada na fidelidade do Senhor, como nos afirma Paulo, em carta aos Tessalonicenses:

> Finalmente, irmãos, orai por nós, para que a palavra do Senhor se propague e seja glorificada, como também está acontecendo entre vós; e para que sejamos livres dos homens perversos e maus; porque a fé não é de todos. Todavia, o Senhor é fiel; ele vos confirmará e guardará do maligno. (2Ts. 3:1-3).

CAPÍTULO IX
A construção do nosso caráter

Podemos considerar a construção do nosso caráter como a obra mais importante que Deus está fazendo em nós.

Às vezes, cometemos o erro de pensar que a coisa mais importante é o trabalho que fazemos para Deus. Esquecemos que Ele é o criador todo-poderoso e que, com uma palavra, traz à existência as coisas que nunca existiram antes. Sutilmente, nossa mente fica impregnada com a ideia de que a nossa importância vem do que realizamos, e não do que somos. Jesus estava atento a esse erro, quando avaliou o assunto: "Muitos, naquele dia, hão de dizer-me: Senhor, Senhor! Porventura, não temos nós profetizado em teu nome, e em teu nome não expelimos demônios, e em teu nome não fizemos muitos milagres? Então, lhes direi explicitamente: nunca vos conheci." (Mt. 7:22,23).

Não entenda as coisas de modo errado. Não estou dizendo que aquilo que fazemos para Deus não é importante, porque a Bíblia diz que a fé sem obras é morta. O que estou dizendo é que nossas obras não são a coisa mais importante. Preste atenção nisso: nós somos a razão da morte de Jesus. Ele morreu por nós; não morreu pelo nosso dinheiro, não morreu por coisas que possamos fazer. Nós somos o alvo, nós somos o bem maior de Deus. E tem mais: não é somente a nossa salvação que interessa a Deus. Está escrito:

> Até que todos cheguemos à unidade da fé e do pleno conhecimento do Filho de Deus, à perfeita varonilidade, à medida da estatura da plenitude de Cristo, para que não mais sejamos como meninos, agitados de um lado para outro e levados ao redor por todo vento de doutrina, pela artimanha dos homens, pela astúcia com que induzem ao erro. (Ef. 4:13,14).

Deus se interessa pelo nosso novo nascimento, mas espera que cresçamos na medida da estatura de Cristo. Vamos meditar um pouquinho: uma criança nasceu sem nenhum problema físico ou de saúde. Quando atinge os dez anos de idade, podemos considerá-la uma pessoa perfeita, não é verdade? Ela é perfeita, porém não completa. Quando chegar à maturidade, será mais alta do que quando tinha dez anos; sua capacidade física será muito maior; suas responsabilidades aumentarão em todas as áreas de sua vida. Amamos crianças, entretanto não gostaríamos que continuassem crianças para sempre. Assim é na vida espiritual. Como disse Paulo, em Efésios, precisamos crescer; não podemos continuar como meninos; devemos ter a estatura da plenitude de Cristo. Esse crescimento, portanto, refere-se ao nosso caráter cristão. Não nascemos com o caráter cristão formado, ele precisa ser desenvolvido em nós. Às vezes, desespero-me quando as coisas chegam a esse ponto, porque, ao olhamos para nós mesmos, não conseguimos nos enxergar como sendo o bem maior que Deus possui.

Deus quer tratar nosso caráter, porque ele é eterno, ele é o que a Bíblia chama de estatura do varão perfeito. Seremos na eternidade o que tivermos construído de caráter enquanto estamos vivendo aqui na terra. Essa será nossa estatura espiritual. Deus constrói nosso caráter como um artista constrói sua obra de arte, como um pintor, um escultor. A Bíblia diz que somos barro nas mãos do oleiro. Como artista, Deus tem instrumentos para trabalhar o nosso caráter. Na medida em que prosseguimos sendo edificados, fica claro que a construção do nosso caráter necessita de três tipos de pessoas: amigos, inimigos e pessoas sob a nossa liderança. Isso porque Deus afirmou: "todas as coisas cooperam para o bem daqueles que amam a Deus, daqueles que são chamados segundo o seu propósito." (Rm. 8:28). Nada está fora do controle de nosso Deus; ainda que pareça que sejam contra nós, estão ajudando Deus a nos contruir.

Nossa vida cristã pode ser comparada à vida natural de uma criança; na medida em que vamos crescendo em Cristo, a vida vai ficando mais complexa. Pense na simplicidade dos bebezinhos, eles não têm preocupação nenhuma, mamam e dormem; a mãe troca suas fraldas, cuida de tudo. Mas, à medida que vão crescendo, a vida deles vai ficando mais complexa. Chega um tempo em que precisamos, conscientemente, começar a hospedar a glória de Deus, pois essa é a razão de existirmos. Você não hospeda ninguém de qualquer jeito, Deus também não fica numa hospedagem de qualquer maneira. A vida, porém, vai ficando mais complexa, e a primeira coisa que nós entendemos é que não podemos hospedar a glória divina de qualquer maneira. Trabalhar o caráter é o que nos habilita a sermos bons *hospedeiros*.

Vemos esse trabalho do caráter na vida de Davi. Ele estava no campo, na simplicidade, cuidando das ovelhas. Até então, não tinha inimigos; ninguém se sentia incomodado por ele. Mas, de repente, é chamado para uma cerimônia espiritual que o tira do lugar comum e o expõe aos olhos de muita gente. O que você acha: como os seus irmãos se sentiriam em relação a esse fato? Possivelmente tenha começado aí a hostilidade contra ele, em sua própria casa. É exatamente o que Jesus ensinou:

> Não penseis que vim trazer paz à terra; não vim trazer paz, mas espada. Pois vim causar divisão entre o homem e seu pai; entre a filha e sua mãe e entre a nora e sua sogra. Assim, os inimigos do homem serão os da sua própria casa. (Mt. 10:35,36).

Imagine o tratamento de caráter pelo qual Davi passou. Creio que foi pela hostilidade, sentida em sua própria casa, que ele escreveu: "Porque, se meu pai e minha mãe me desampararem, o SENHOR me acolherá." (Sl. 37:10). Muitas vezes, quando entramos em tratamento de caráter, desesperamo-nos e até achamos que Deus nos abandonou. Isso porque não entendemos que a prioridade do nosso pai celestial é o desenvolvimento de nossa pessoa. Essa prioridade foi a mesma que o Pai reservou para Seu filho Jesus. Veja esses textos bíblicos: "Considerai, pois, atentamente, aquele que suportou tamanha oposição dos pecadores contra si mesmo, para que não vos fatigueis, desmaiando em vossa alma." (Hb. 12:3). "Porque convinha que aquele, por cuja causa e por quem todas as coisas existem, conduzindo muitos filhos à glória, aperfeiçoasse, por meio de sofrimentos, o Autor da salvação deles." (Hb. 2:10).

É o tratamento do caráter que nos habilita a expressar o que a Bíblia chama de "frutos do espírito". Na verdade, os frutos do espírito são a expressão do caráter de Jesus, que será manifesto em nós, quanto pudermos dizer: "logo, já não sou eu quem vive, mas Cristo vive em mim; e esse viver que, agora, tenho na carne, vivo pela fé no Filho de Deus, que me amou e a si mesmo se entregou por mim." (Gl. 2:20). O "não sou eu quem vive, mas Cristo vive em mim" é o resultado do tratamento do caráter. São as perseguições que produzem sofrimentos que nos aperfeiçoam. Assim, nossos inimigos nos ajudam a desenvolver o amor, a alegria, a paz, a longanimidade, a benignidade, a bondade, a fidelidade, a mansidão, o domínio próprio. Imagine o domínio próprio que Davi precisou ter para deixar Saul com vida, quando cortou o pedaço das vestes lá na caverna, sabendo que ele andava à sua procura para matá-lo. Ou a paciência para continuar no palácio, depois que Saul tentou encravar-lhe uma lança e, em seguida, entregou, a outro homem, a noiva prometida pela sua vitória contra Golias. Tratamento de caráter é o nome do processo.

Nos tempos de fuga, Davi refugiou-se em Gate com o rei Aquis. Poderíamos pensar nisso como sendo uma boa estratégia, refugiar-se com o inimigo de Saul, seu perseguidor. Porém Davi tinha ficado famoso, justamente por ter matado o gigante Golias, que era do lugar onde foi refugiar-se. Porém, logo as pessoas começaram a identificá-lo como o personagem das músicas cantadas em Israel:

> "Porém os servos de Aquis lhe disseram: Este não é Davi, o rei da sua terra? Não é a este que se cantava nas danças, dizendo: Saul feriu os seus milhares, porém Davi, os seus dez milhares? Davi guardou estas palavras, considerando-as consigo mesmo, e teve muito medo de Aquis, rei de Gate" (1Sm. 21:11,12).

Como solução para esse problema, Davi se contrafez de louco:

> Pelo que se contrafez diante deles, em cujas mãos se fingia doido, esgravatava nos postigos das portas e deixava correr saliva pela barba. Então, disse Aquis aos seus servos: Bem vedes que este homem está louco; por que mo trouxestes a mim? Faltam-me a mim doidos, para que trouxésseis este para fazer doidices diante de mim? Há de entrar este na minha casa? (1Sm. 21:13 a15).

Diga-me se isso não é suficiente para humilhar alguém, para produzir em alguém que é um guerreiro, mansidão a toda prova, paciência além das expectativas, para ficar se remexendo e revirando-se nos postigos e portas. Isso, sim, é tratamento de caráter!

Deus não forma nosso caráter usando somente o inimigo, Ele usa amigos também. Quando pensamos em Davi, parece-nos que ele foi homem de poucos amigos, o que não é verdade. Temos, em 2 Samuel (23), uma lista de 37 heróis de Davi que também foram seus amigos. Gostaria de falar aqui, em especial, sobre um deles: Jônatas. Esse amigo tinha muitas qualidades para contribuir para a formação de seu caráter. **A primeira qualidade** que se ressalta, ao lermos sobre sua vida, é a fé. Fé implica coragem, decisão e dependência do Senhor. Leia essa história da fé de Jônatas.

> Disse, pois, Jônatas ao seu escudeiro: Vem, passemos à guarnição destes incircuncisos; porventura, o SENHOR nos ajudará nisto, porque para o SENHOR nenhum impedimento há de livrar com muitos ou com poucos. Então, o seu

escudeiro lhe disse: Faze tudo segundo inclinar o teu coração; eis-me aqui contigo, a tua disposição será a minha. Disse, pois, Jônatas: Eis que passaremos àqueles homens e nos daremos a conhecer a eles. Se nos disserem assim: Parai até que cheguemos a vós outros; então, ficaremos onde estamos e não subiremos a eles. Porém se disserem: Subi a nós; então, subiremos, pois o SENHOR no-los entregou nas mãos. Isto nos servirá de sinal. (1Sm. 14:6- 10).

Sinceramente, eu não acho que o sinal determinado por ele foi sábio. Claro que, no alto da montanha, estavam muitos guerreiros, e escalando estavam somente Jônatas e seu escudeiro. Era de se esperar que os inimigos dissessem: "subi a nós". Mas ele assentou em seu coração, e não teve dúvida de que era Deus liberando a vitória, quando os inimigos proferiram a frase supramencionada. Sua fé foi honrada, e Deus foi glorificado por alguém que Se colocou em suas mãos incondicionalmente. Veja os resultados: "Houve grande espanto no arraial, no campo e em todo o povo; também a mesma guarnição e os saqueadores tremeram, e até a terra se estremeceu; e tudo passou a ser um terror de Deus." (1Sm. 14:15). Decerto Davi teria bençãos vindas desse amigo.

Uma segunda qualidade é o discernimento espiritual de Jônatas. Esse é um item muito importante para a construção do caráter cristão. Quando Saul falou com Davi depois da morte de Golias, imediatamente Jônatas discerniu que ali estava um jovem segundo o coração de Deus e fez aliança com ele. "Jônatas e Davi fizeram aliança; porque Jônatas o amava como à sua própria alma. Despojou-se Jônatas da capa que vestia e a deu a Davi, como também a armadura, inclusive a espada, o arco e o cinto." (1Sm. 18:3,4).

Não somente fez aliança, mas também equipou Davi com todos os apetrechos de um guerreiro, dando a ele sua capa, espada, arco e cinto. Imagine a importância disso para Davi. Ele não pôde vestir a armadura de Saul, que era o rei destituído do poder e do Espírito de Deus, mas agora podia vestir a armadura de um príncipe que tinha um espírito em sintonia com o seu. Jônatas não apenas discerniu O Espírito que estava e agia em Davi, mas também discerniu o destino de Davi. Sabia que seria rei, apesar de que, no momento, ele mesmo era o herdeiro do trono de Saul. Porém, quando Saul perdeu o trono, Jônatas discerniu que Deus havia dado o reino a Davi. "Então, se levantou Jônatas, filho de Saul, e foi para Davi, a Horesa, e lhe fortaleceu a confiança em Deus, e lhe disse: Não temas, porque a mão de Saul, meu pai, não te achará; porém tu reinarás sobre Israel, e eu serei contigo o segundo, o que também Saul, meu pai, bem sabe." (1Sm. 23:16,17).

Uma terceira qualidade que colaborou com a construção do caráter de Davi foi o fato de Jônatas ser um homem confiável. Quando Saul desencadeia a perseguição contra Davi, Jônatas se posiciona ao lado de Davi, mesmo que isso significasse ficar contra seu pai (1Sm. 19:1-7). Quando finalmente Davi precisa fugir de vez do convívio de Saul, Jônatas vai visitá-lo e assume um compromisso de protegê-lo. Davi disse a ele que estava a um passo de perder sua vida. Juntos, elaboraram um plano, e Jônatas prometeu a Davi que, se a decisão de Saul era realmente matá-lo, ele lhe contaria. E foi exatamente isso o que aconteceu. Davi, na verdade, ficou devendo sua vida a Jônatas, que se demonstrou completamente confiável. Davi sempre pôde confiar em Jônatas; e ele nunca faltou com sua palavra.

Uma quarta qualidade de Jônatas que ajudou a construir o caráter de Davi foi o fato de ele sempre dispor de palavras de encorajamento.

> Vendo, pois, Davi que Saul saíra a tirar-lhe a vida, deteve-se no deserto de Zife, em Horesa. Então, se levantou Jônatas, filho de Saul, e foi para Davi, a Horesa, e lhe fortaleceu a confiança em Deus, e lhe disse: Não temas, porque a mão de Saul, meu pai, não te achará; porém tu reinarás sobre Israel, e eu serei contigo o segundo, o que também Saul, meu pai, bem

sabe. E ambos fizeram aliança perante o SENHOR. Davi ficou em Horesa, e Jônatas voltou para sua casa. (1Sm. 23: 15-18).

Claro que, para que alguém possa ser um encorajador de seu amigo, é necessário ter um coração segundo Deus, pois a Bíblia diz que a boca fala do que o coração está cheio. E Jônatas tinha esse coração. Por isso, poderia contribuir para a construção do caráter de Davi. A construção do caráter através do encorajamento não é feito somente por meio de palavras motivadoras, necessita de algo mais profundo: necessita de que a confiança em Deus seja fortalecida, como Jônatas o fez.

Uma quinta qualidade que vemos em Jônatas é a profundidade dos relacionamentos. Uma amizadezinha colorida não ajuda ninguém em termos de caráter; há necessidade de um relacionamento muito mais profundo. Precisa-se de aliança. Contudo não é qualquer tipo de aliança, mas aquela com base nos princípios da Palavra de Deus, a qual tem a seguinte profundidade e significado: "tudo o que é teu é meu, e tudo o que é meu é teu." Veja o exemplo de Jônatas:

> "Jônatas e Davi fizeram aliança; porque Jônatas o amava como à sua própria alma. Despojou-se Jônatas da capa que vestia e a deu a Davi, como também a armadura, inclusive a espada, o arco e o cinto." (1Sm. 3:3,4).

Outra experiência de construção de caráter para Davi foram os homens que Deus agregou a ele enquanto fugia de Saul. Davi teve que tornar-se um perdoador de primeira categoria, quando seu pai e seus irmãos vieram morar com ele na caverna. "Davi retirou-se dali e se refugiou na caverna de Adulão; quando ouviram isso seus irmãos e toda a casa de seu pai, desceram ali para ter com ele." (1Sm. 21:1). Para complicar um pouco mais as coisas, vieram morar com ele homens que estavam em aperto, endividados, amargurados de espírito. "Ajuntaram-se a ele todos os homens que se achavam em aperto, e todo homem endividado, e todos os amargurados de espírito, e ele se fez chefe deles; e eram com ele uns quatrocentos homens." (1Sm. 21:2). Isso pode até parecer romântico, Davi aceitando essa turma e decidindo ser chefe deles. Mas a verdade dura era que esses homens não eram flor que se cheirasse. A caverna tornou-se um tumulto, uma caverna de murmurações, de expressões de ira e tudo mais que se poderia esperar de pessoas com essas qualificações.

Como sobreviver numa situação dessas, se não houver amor, paz, longanimidade, benignidade, bondade, fidelidade, mansidão? Bem vindo ao tratamento de caráter. Podemos pensar que isso de tratamento de caráter é muito cruel, quando, na verdade, é a preparação para tornar-se a semelhança de Jesus, para aprender a morrer para si mesmo. À primeira vista, poderíamos pensar que tratamento de caráter é algo muito negativo. Porém esse tratamento tem um objetivo: preparar-nos para possuir o melhor que Deus tem para nós. Como entender que Davi foi um homem segundo o coração de Deus, e que foi escolhido para governar o povo de Deus? Tratamento de caráter.

Tratamento de caráter não é somente para nos preparar para o céu, mas também para que possuamos e desfrutemos do que Deus tem para nós aqui na terra. Foi nesse processo de construção de caráter que Deus forjou Davi como um líder de excelência. Seus homens estavam dispostos a sacrificar suas vidas por ele. Ainda que os motivos não fossem tão relevantes, o prazer e a missão deles era honrar Davi. Como exemplo, temos a narrativa de que Davi suspirou desejando tomar água da fonte que estava com o inimigo. Em resposta, três de seus valentes se levantaram para satisfazer o suspiro de Davi.

> "Suspirou Davi e disse: Quem me dera beber água do poço que está junto à porta de Belém! Então, aqueles três valentes romperam pelo acampamento dos filisteus, e tiraram água do poço junto à porta de Belém, e tomaram-na, e a levaram a Davi; ele não a quis beber, porém a derramou como libação ao SENHOR." (2Sm. 23:15,16).

Não que nosso caráter estará completo enquanto permanecermos nesta vida. Davi, por exemplo, enfrentou muitos problemas em sua vida. Um dos problemas lhe custou muito caro: quando mandou matar Urias, o heteu, um dos seus valentes (2Sm. 23:39), para ficar com Bate-Seba, que era mulher dele (2Sm. 11). Mas, quando comparamos o reinado de Saul com o dele, as coisas ficam mais claras. Enquanto Saul gastou quase todo seu tempo em que estava no trono perseguindo a Davi, este gastou seu tempo de reinado forjando valentes, conquistando novos territórios, estabelecendo a supremacia de Israel como potência econômica e militar da sua época. Enquanto Saul curtia uma raiva vinda do demônio para o qual ele abriu a porta, tentando matar alguém, Davi estava com a sua harpa adorando, como nos outros dias. Contraste tremendo: Saul como instrumento de assassinato, com uma lança na mão; Davi como instrumento de adoração, com uma harpa na mão. Pense nessa diferença e medite sobre o que temos em nossas mãos.

Quero concluir este capítulo compartilhando com você algumas coisas que aprendi sobre caráter. Lembro que, quando li sobre a vida de José e de Davi, pela primeira vez, quase fiquei desanimado. Eu pensava: tudo certo que alguém sofra por cometer erros, mas os sofrimentos, tanto de José como de Davi, durante o período antes de se assentarem no trono, não tinham sentido. Anos depois, entendi a razão das provações pelas quais passaram: era para formar o caráter deles. Em José, vemos que seu caráter foi formado através de todas as decisões que ele tomou; decisões e hábitos que formaram sua maneira de sentir as coisas e seu modo de pensar. Mais tarde, quando já era governador do Egito, seus irmãos vieram comprar cereais. Ele poderia ter se vingado deles, pagando o mal com o mal, porém se revelou a eles e demonstrou que, realmente, tinha entendido o porquê das coisas que aconteceram com ele. Confira a seguir:

Agora, pois, não vos entristeçais, nem vos irriteis contra vós mesmos por me haverdes vendido para aqui; porque, para conservação da vida, Deus me enviou adiante de vós. Porque já houve dois anos de fome na terra, e ainda restam cinco anos em que não haverá lavoura nem colheita. Deus me enviou adiante de vós, para conservar vossa sucessão na terra e para vos preservar a vida por um grande livramento. Assim, não fostes vós que me enviastes para cá, e sim Deus, que me pôs por pai de Faraó, e senhor de toda a sua casa, e como governador em toda a terra do Egito. (Gn. 45:5-8).

Com o tratamento do caráter, vem a compreensão do nosso destino e dos propósitos de Deus para nossas vidas. Poderíamos afirmar, com tranquilidade, que o ingrediente mais importante na construção do caráter são as provações, como diz Tiago (1:2), e Paulo (Rm. 5:3,4). Devemos ter alegria, ao passarmos por provações e nos gloriarmos nas atribulações, pois elas têm o propósito de Deus para nós. É o modo pelo qual respondemos às tribulações e às provações que demonstra quem somos. A construção de nosso caráter causa mudança em nossa constituição moral, por intermédio de um processo que chamamos santificação. Santificação é o resultado do compromisso que temos com os planos de Deus para nossa vida. Compromisso na verdade é o resultado de priorizarmos e nos disciplinarmos pelo poder do Espírito Santo para obedecer à Palavra de Deus. Quando a santificação se concretiza – conforme Romanos (12:2) –, ela se faz realidade em nossas vidas: nosso corpo se torna um sacrifício vivo através de nosso culto racional, e saímos da forma do mundo sendo transformados pela renovação de nossa mente. Dessa maneira, nosso caráter é formado como resultado de nossos pensamentos, nossos atos e nossos hábitos baseados na Palavra de Deus. Caráter construído na Palavra de Deus exige dedicação: "E tudo o que fizerdes, seja em palavra, seja em ação, fazei-o em nome do Senhor Jesus, dando por ele graças a Deus Pai." (Cl. 3:17).

Epílogo

Sair da Obscuridade é o resultado de um processo no qual a vida se torna bem sucedida. Existem alguns princípios que nos conduzem a uma vida bem sucedida. Quero explorar alguns que podem ser encontrados na vida de Davi, na conclusão deste livro. A primeira coisa que vemos na vida dele é a **percepção ou a consciência de quem ele era e dos fatos que aconteciam em sua vida**. Não há descrição direta desse fato, porém, olhando para alguns acontecimentos, percebemos isso. Percebemos que, depois de sua unção, ele estava consciente da presença de Deus em sua vida e agia de acordo com esse fato. Quando ele decide enfrentar o gigante, dá uma explicação para o rei Saul sobre a sua experiência anterior com Deus, do que aconteceu na história do leão e do urso. Foi desse fato que Davi concluiu que Deus lhe abençoaria para matar o gigante Golias. O entendimento de nossa identidade e de nossas possiblidade em Deus é um fator importante para uma vida bem sucedida. Eu iria mais longe, diria que é indispensável. Claro que, em algumas situações, como nós também, Davi não agia com consciência ou percepção das coisas. Porém cada vez que tinha que tomar uma decisão sobre fazer algo pela fé, ele vivia esse fato. É impressionante como ele percebia e se deixava conscientizar pelas coisas que lhe aconteciam. Há uma frase muito conhecida de Sócrates sobre o assunto: "A vida não examinada não vale a pena ser vivida". É o princípio do "conhece-te a ti mesmo". Fato é que a consciência ou a percepção da vida e das suas coisas nos tiram da obscuridade.

Uma segunda coisa que podemos observar em Davi é que ele era um homem de **ação**. As ações de Davi, com algumas exceções, são muito diferentes daquelas que, muitas vezes, encontramos por aí, pretendendo serem "ações de fé". Elas são, na maioria das vezes, um tipo de "fé na fé". As ações de Davi eram baseadas numa fé real, e originavam de um mapeamento das circunstâncias que ele tinha pela frente, seguidas por ações dependentes de seu Deus. Exemplo disso é o evento acontecido em Ziclague, registrado em 1 Samuel, capítulo 30. Quando Davi e seus homens descobriram que Ziclague fora saqueada, e a população levada cativa, choraram até não poder mais. Em meio à crise, quando seus homens falam em apredrejá-lo, Davi se reanima e coloca toda a sua confiança no seu Deus. Quando você é apaixonado pelo que você quer, nada fica no caminho de sua vitória. Foi isso o que aconteceu com Davi. Consultando a Deus, ele também anima seus homens e, juntos, partem para a retomada daquilo que era seu. Podemos até fazer uma lista das ações tomadas por Davi: **primeiro**, ele se reanima; ação nenhuma acontece com gente derrotada e desanimada. **Segundo**, ele chama o sacerdote para ouvir a Deus. **Terceiro**, ele coloca em prática o que ouviu, e vai atrás dos inimigos. **Quarto**, não exerce opressão sobre ninguém; os que não podem seguir ficam para trás. **Quinto**, usa de misericórdia para com o inimigo, aquele que lhe fez mal. **Sexto**, mesmo cansado, não foge da batalha; luta como vencedor e recobra tudo o que é seu. Essa lista acima surgiu de maneira bem natural, sem muita programação. Podemos, porém, ser deliberados e fazer uma lista das etapas das ações que precisamos seguir, para chegar aonde desejamos, e fazer o que almejamos. Um objetivo bem sucedido irá aumentar nossa motivação, no sentido de alcançarmos o próximo objetivo à nossa frente, e assim por diante.

    Uma terceira coisa importante que obervamos em Davi e que o ajudou a sair da obscuridade foi **a maneira como pensava a respeito das coisas**. Na história de seu encontro com Golias, houve toda uma situação que o impelia a desistir da peleja. Seu irmão Eliasibe ficou extremamente irado quando ele começou a perguntar o que fariam a quem derrotasse o filisteu. Quando finalmente o levaram perante o rei, ele ouviu algo totalmente desanimador. Saul lhe disse: "Contra o filisteu não poderás ir para pelejar com ele; pois tu és ainda moço, e ele, guerreiro desde a sua mocidade." (1Sm. 17:33). Mas a palavra dele para

Saul foi: não desfaleça o coração de ninguém, eu irei e pelejarei contra o filisteu. Pelo seu posicionamento, aprendemos algumas coisas: primeiro, **Davi pensava grande**. Nunca tinha ido para a guerra nem tinha derrotado ninguém, mas ali estava alguém digno de ser derrotado. Todo o exército de Israel estava acovardado diante do inimigo, mas para Davi o pensamento era mais ou menos assim: quanto maior o tamanho, maior a queda. Ele pensava grande. Se quisermos sair da obscuridade, devemos pensar como Davi, sem medo de sermos arrogantes. Vemos o mesmo pensamento no seu encontro com Golias, durante a troca de palavras, quando Davi disse: "– Ferir-te-ei, tirar-te-ei a cabeça, e os cadáveres do arraial dos filisteus darei, hoje mesmo, às aves dos céus e às bestas-feras da terra; e toda a terra saberá que há Deus em Israel."(1Sm.17:46). Olha só a ousadia de seu pensamento: – Vencerei não somente você, mas também todo o exército que está contigo.

Segundo, **Davi não tinha medo de falhar**. Para todos os soldados de Israel, o gigante era uma garantia de derrota, todavia, para Davi, ele era uma oportunidade de sucesso. Sua mentalidade não era nada negativa, ele era possuído por uma confiança além das circunstâncias naturais, porque via as coisas do ponto de vista da capacidade de Deus, e entendia que poderia ser usado para a glória dEle. Terceiro, **Davi tinha uma inabalável resolução para vencer**. Não uma resolução temerária, mas firmemente construída sobre suas experiências anteriores. Ele construiu sua vitória sobre a experiência com o leão e o urso que ele havia matado, concluindo que o filisteu seria como um deles, porque tinha afrontado os exércitos do Deus vivo. Resolução para vencer, sem que se tenha coragem, jamais se concretizará. Davi tinha essa coragem. Diz a Bíblia que ele tomou seu cajado, escolheu cinco pedras do rio e, com a funda na mão, foi se chegando para o filisteu. Quarto, vemos que **Davi fez a coisa que amava fazer**. Depois de tentar vestir a armadura e armar-se com a espada de Saul, ele se sentiu fora de seu ambiente natural e tirou toda aquela parafernalha de sobre si. O que amava fazer – e por isso fazia bem – era atirar pedras com sua funda. Esse não era um passatempo, visto que a funda também era uma arma de guerra naquela época. Havia homens que eram capazes de acertar num fio de cabelo com sua funda (Jz. 20:16). E foi com uma pedra e sua funda que derrotou o gigante, pois, quando fazemos o que amamos, normalmente somos bem-sucedidos. Se Davi tivesse decidido ir para a peleja usando os apetrechos de guerra do Saul, ele se tornaria apenas um guerreiro normal, com mais fraquezas do que pontos fortes. Entretanto, quando se decidiu pela funda, ampliou seus pontos fortes e saiu de guerreiro ordinário para um extraordinário matador de gigante.

Uma quinta coisa muito importante na vida de Davi e que foi vital para tirá-lo da obscuridade foi o fato de que **ele tinha amigos leais.** Foram esses amigos que literalmente o salvaram em ocasiões decisivas de sua vida. O primeiro deles foi Jônatas, filho de Saul. Sua amizade foi tão leal que correu risco de ser morto pelo seu pai por proteger Davi. Vemos em Jônatas a característica da fidelidade, ele estava mais interessado em dar do que receber. Deu a Davi suas vestes de guerreiro e até mesmo abdicou de seu trono em favor dele. Um segundo amigo leal foi Hussai, a quem a Bíblia se refere como "amigo do rei." (1Cr. 27:33). Quando Absalão arquitetou a revolta para destronar Davi, Hussai ficou com o grupo de conselheiros de Absalão, com a exclusiva tarefa de aconselhar em favor de Davi. Graças a ele, Davi não foi morto pelo seu próprio filho. Outro grande amigo de Davi foi Barzilai (2Sm. 19:33). Quando Davi fugia de Absalão, Barzilai foi um dos que trouxeram provisões e conforto para ele (2Sm. 17:27); já quando Absalão morreu, Barzilai o acompanhou passando o Jordão com ele para restituir-lhe o trono.

Uma palavra de encorajamento

Lemos, na Bíblia, que Davi foi um homem segundo o coração de Deus. Muitas vezes, perguntei-me como isso podia ser possível, se a própria Bíblia expõe tantas falhas dele, algumas até terríveis. Com o passar do tempo, consegui entender que ser uma pessoa segundo o coração de Deus não tem nada a ver com perfeição, com ausência de erros. Se dependesse disso, ninguém seria alguém segundo o coração de Deus (Bom, talvez Jó tenha sido). Descobri também que qualquer um de nós pode ser essa pessoa segundo o coração de Deus, e que o próprio Deus busca isso: "Porque, quanto ao SENHOR, seus olhos passam por toda a terra, para mostrar-se forte para com aqueles cujo coração é totalmente dele." (2Cr. 16:9).

O que Deus está procurando são pessoas genuinamente humildes, honestas e íntegras. Podemos pensar, então: isso é impossível. Não é impossível, pois o que se requer para sermos pessoas detentoras de tais atributos é que sejamos obedientes, dependentes e rápidos em nos arrepender. Isso faz com que nosso coração seja completamente do Senhor. Davi tinha essas características, e nós também podemos tê-las. É apenas uma questão de nos posicionarmos perante Ele em amor. VAMOS VENCER A OBSCURIDADE E SERMOS PESSOAS SEGUNDO O CORAÇÃO DE DEUS.

Nota sobre o autor

João Carlos Rocha casou-se com Eunice Rickli em 1978 e é pai de Phillip, Thais, André e Roberto.

Dr. Rocha é Master Coach pelo Dream Releaser Coaching e tem uma vasta experiência como pregador e professor internacional; já ensinou e pregou em 12 países diferentes.

É Bacharel em Teologia com especialização em aconselhamento pastoral. Obteve o grau de Mestre em Artes na Columbia International University, e o de PhD em Educação na Trinity International University.

Além de ser o pastor sênior da Igreja Cristã Internacional e presidente da Amid World Mission, ele tem um ministério de apoio e treinamento de pastores e profissionais.

Dr. Rocha também é o Chanceler da American Christian University, uma escola on-line de educação teológica sob os auspícios da Amid World Mission.

Made in the USA
Columbia, SC
14 March 2020